YINGKE®盈科

盈 科 全 国 业 务 指 导 委 员 会 系 列 丛 书

矿业权实务概论

盈科律师事务所 / 编
张仁藏 / 主编

INTRODUCTION TO THE PRACTICE OF MINING RIGHTS

法律出版社 LAW PRESS · CHINA
北京

图书在版编目(CIP)数据

矿业权实务概论 / 盈科律师事务所编 ; 张仁藏主编
. -- 北京 : 法律出版社, 2023
ISBN 978 - 7 - 5197 - 8329 - 7

Ⅰ. ①矿… Ⅱ. ①盈… ②张… Ⅲ. ①矿产权－研究
－中国 Ⅳ. ①D922.624

中国国家版本馆 CIP 数据核字(2023)第 176077 号

矿业权实务概论
KUANGYEQUAN SHIWU GAILUN

盈科律师事务所 编
张仁藏 主编

策划编辑 朱海波
责任编辑 朱海波 杨雨晴
装帧设计 汪奇峰 臧晓飞

出版发行 法律出版社
编辑统筹 法律应用出版分社
责任校对 邢艳萍
责任印制 刘晓伟
经　　销 新华书店

开本 710 毫米×1000 毫米 1/16
印张 12 **字数** 200 千
版本 2023 年 11 月第 1 版
印次 2023 年 11 月第 1 次印刷
印刷 固安华明印业有限公司

地址:北京市丰台区莲花池西里 7 号(100073)
网址:www.lawpress.com.cn
投稿邮箱:info@lawpress.com.cn
举报盗版邮箱:jbwq@lawpress.com.cn

销售电话:010 - 83938349
客服电话:010 - 83938350
咨询电话:010 - 63939796

书号:ISBN 978 - 7 - 5197 - 8329 - 7
定价:52.00 元

凡购买本社图书,如有印装错误,我社负责退换。电话:010 - 83938349

本书编委会
主　　编　张仁藏
副主编　刘建强
编委会成员　于　昊　葛　磊

YINGKE® 盈科

推 荐 序 一

自 2012 年加入致公党以来，仁藏同志一直秉持着“致力为公跟党走、侨海报国建新功”的理念，充分发挥法律专业优势，通过党派平台积极建言献策、参政履职。

在今年 4 月份的中国致公党第十六届中央委员会专门委员会成立大会上，蒋作君主席发表重要指示：“建设一支高素质专业化的专委会队伍，一直是致公党的一项战略任务。”为此，致公党大兴区总支于 2023 年 6 月成立了法律专业委员会，经总支委员会研究决定，任命仁藏同志为法律工作专委会主任。受命后，仁藏同志立足实践，大兴调研之风，始终不渝地以法律专业视角关注北京发展，为党派履职做出了突出的贡献。

我国蕴藏着丰富的矿产资源，开发历史悠久，为国家经济发展做出了重要贡献，但矿产资源开发同时也对生态环境造成了较大的负面影响。“十四五”时期是我国矿山转型发展的关键期，是矿山环境恢复治理的决胜期，也是统筹山水林田湖草沙系统修复的谋划期。废弃矿山生态修复与再利用是城市绿色发展和挖掘存量用地资源的重要载体，也是国土空间生态修复和城市更新的重要内容。在此阶段，积极探索矿山生态修复的新模式和新路径是重中之重，而矿业领域法治建设是推进绿色矿山建设的重要支撑。

仁藏同志此书，内容翔实，逻辑缜密，立足实践，回应关切，具有科学性、可读性，是一部矿业法律研究的学术力作，对我国绿色矿山工作科学化、规范化和制度化建设具有重要参照意义。

贾中华*

2023 年 11 月 7 日

书于北京市西城区

* 贾中华，致公党北京市委常委，大兴区总支部主委。

推荐序二

矿业是一个传统而古老的行业，宋代就已有“南山栗林渐可息，北山顽矿何劳锻”的记载，可以说，矿业发展史即是人类生存与社会发展史。但由于矿难频发、环境破坏、“资源诅咒”、矿产资源开发利用中的腐败现象丛生等原因，以至于一段时间内人们往往“谈矿色变”。在我国，矿业一直是一个非常复杂的产业与行业，它关系到国家、社会及各类群体之间的利益调整与平衡，涉及到各方主体之间的民事、行政、刑事责任。我多年来因长期大量办理矿业法律事务的原因，深感其中法律问题之艰深、复杂。

我与张仁藏律师是在盈科律师事务所相识已久的同事和合作伙伴，我们曾一起办理过许多矿业法律业务。张律师对该领域的见解往往鞭辟入里，与其对谈常有一种耳目一新的感觉。去年我们参加了一次矿业权流转法律问题的研讨会后，张律师感叹道：规范矿业权市场还有很长的道路要走！这也是他写作本书的研究背景。

对于本书，我有幸在出版前完整拜读，我认为特点有二：一是全面，基本涵盖了目前矿业法律领域的基本问题和热点、重点问题。一册在手，即可总览矿业规范之大观。二是精准，无论是条文释义、适用提示，还是对某些问题所作的说明，均采纳立法机关的权威解读和最高司法机关的主流意见，尽可能地确保了理解与适用的准确性。从整体来看，该书层次分明、逻辑严密、内容丰富，具有重要的法律实务参考价值，是从事矿业法务的律师等法律人及相关矿业权人和执法人员不可多得的案头常备之书。

郝生凯*

2023 年 11 月 2 日

书于北京市盈科律师事务所

---

* 郝生凯，盈科北京合伙人律师，高级经济师。

推荐序三

我与仁藏高中相识，同窗数载。仁藏坚信：一个现代化国家必然是法治国家；我则认为：科技创新才是经济高质量发展的最强动能。怀揣着各自的理想信念，我入学化工系，仁藏则成为一名法学生。

在多年的学习研究中，我了解到：固体氧化物燃料电池发电效率高、无污染、燃料来源广泛，适合我国以煤炭资源为基础的能源结构，因此该项研究在中国的地位举足轻重，但该项研究国外一直对中国封锁，中国与发达国家差距非常大。故而从研究生时期到现在近二十年的光阴，我一直在从事固体氧化物燃料电池相关领域的研究工作。仁藏则投身律师行业，代理了不少赫赫有名且争议标的巨大的典型不动产纠纷案件，成为了一名如雷贯耳的知名"大状"。

时光如水，日月如梭。我与仁藏的事业线产生了奇妙的交集：仁藏获聘我校法律专业的校外导师。除了为在校法学生提供实践指导，仁藏还时常就其代理的矿业纠纷案件中的专业问题与我探讨。现本书终于出版，祝贺仁藏在学术上的又一成就，也感慨于其十年如一日的钻研精神。对于书中的法律知识，我不敢班门弄斧，但其中所涉矿业专业知识，内容严谨、表述准确，足以见得作者对我国矿业发展现状的深刻把握，以及实现专业性与可读性平衡的游刃有余。

杨志宾*

2023 年 11 月 3 日

书于中国矿业大学(北京)

---

* 杨志宾，中国矿业大学(北京)教授、博士生导师、中国氢能联盟资深专家、中国能源研究会燃料电池专委会副秘书长、中国电池工业协会氢能与燃料电池分会副秘书长。

自　序

我国《矿产资源法》自1986年颁布，迄今已有37年；自1996年修订，迄今也有27年，其间关于改革完善我国矿产资源管理的呼声和讨论一直未有停歇。近些年来，随着中央和有关部门关于矿业权出让制度改革、矿产资源权益金制度改革及相关措施的出台，社会各界对矿产资源管理问题的讨论更趋热烈。

2020年自然资源部印发《关于全面开展矿产资源规划（2021－2025年）编制工作的通知》（自然资发〔2020〕43号）。通知强调新的一轮矿产资源规划编制须把握优化资源勘查开发保护布局与结构、推进资源高效利用、加快矿业绿色发展等编制重点。后各个省份积极响应，陆续印发了2021～2025年的矿产资源总体规划，至今这些规划仍是各省加强和改善矿产资源宏观管理的重要手段，是依法审批和监督管理地质勘查、矿产资源开发利用和保护活动的重要依据，也是推进和实现矿业高质量发展的重要指导。但其间矿业领域的法律纠纷仍是层出不穷，法律实务中最能深切感受到：如何划分不同层级政府在矿产资源领域的管理事权，始终是矿产资源管理制度改革探索的重要内容。

直至今年，自然资源部再出台《自然资源部关于深化矿产资源管理改革若干事项的意见》（自然资规〔2023〕6号）。该文件取代了《自然资源部关于推进矿产资源管理改革若干事项的意见（试行）》（自然资规〔2019〕7号）成为下一步矿业权管理的重要指导性文件，是我国矿政管理改革探索的重要阶段性成果。

可以见得，我国矿产资源产权制度改革正在深入推进，矿产资源有偿使用制度和市场交易机制逐步构建完善。但矿产资源产业领域仍然存在资源浪费、环境破坏、矿难多发等一些不容忽视的问题，这些问题无不已经反映到司法审判当中。

我曾主办多起矿业领域法律纠纷案件，其中均可窥见：以1986年制订、1996年修订的矿产资源法为主体的矿业权法律规范体系，囿于时代的局限，已无法全面回应实践关切。在如今全面深化改革、推进社会主义市场经济建设的大环境下，国家亟需符合市场规律要求的制度设计与规范指引，因此矿产资源法律规范的制订和完善迫在眉睫。这便是本书的研究背景。

矿业权纠纷类型繁多、标的巨大、法律关系复杂，既涉及国家对矿产资源的管理秩序、矿产资源的合理开发和有效利用，也涉及市场主体合法财产权益的确认和保护。本书除却对矿业法律领域基本问题进行总结与研究外，更着重探讨矿业权的出让与流转，同时对其中的法律风险作出梳理与提示。希望能在依法规范矿业权流转、加强生态环境保护等问题上对读者有所启示。

张仁藏

2023年11月7日

书于北京市盈科律师事务所

凡　例

为方便广大读者阅读，本书中提及的法律法规、部分规范性文件和司法解释等的简称及效力状态如下，书中将不再另行说明（按出现顺序排列）：

文件名简称	文件名全称	发文号	生效时间	截止本书出版时效力状态
—	《矿业权出让转让管理暂行规定》	国土资发〔2000〕309 号	2000 年 10 月 31 日	部分失效
—	《矿业权交易规则》	国土资规〔2017〕7 号	2017 年 9 月 6 日	已因到期而失效
—	《矿产资源法实施细则》	国务院令第 152 号	1994 年 3 月 26 日	现行有效
《矿产资源法》（2009 年修正）	《中华人民共和国矿产资源法》（2009 年修正）	主席令第 18 号	2009 年 8 月 27 日	现行有效
《宪法》（2018 年修正）	《中华人民共和国宪法》（2018 年修正）	全国人民代表大会公告第 1 号	2018 年 3 月 11 日	现行有效
《民法典》	《中华人民共和国民法典》	主席令第 45 号	2021 年 1 月 1 日	现行有效
《矿业权纠纷司法解释》	《最高人民法院关于审理矿业权纠纷案件适用法律若干问题的解释》	法释〔2017〕12 号	2017 年 7 月 27 日	已被修改

续表

文件名简称	文件名全称	发文号	生效时间	截止本书出版时效力状态
《矿业权纠纷司法解释》(2020年修正)	《最高人民法院关于审理矿业权纠纷案件适用法律若干问题的解释》(2020年修正)	法释〔2020〕17号	2021年1月1日	现行有效
《矿业权出让交易规则》	《自然资源部关于印发矿业权出让交易规则的通知》	自然资规〔2023〕1号	2023年1月3日	现行有效
—	《矿产资源勘查区块登记管理办法》	国务院令第653号(修订)	2014年7月29日	现行有效
—	《矿产资源开采登记管理办法》	国务院令第653号(修订)	2014年7月29日	现行有效
—	《探矿权采矿权转让管理办法》	国务院令第653号(修订)	2014年7月29日	现行有效
—	《探矿权采矿权评估管理暂行办法》	国土资发〔1999〕75号	1999年3月30日	失效
—	《探矿权采矿权招标拍卖挂牌管理办法(试行)》	国土资发〔2003〕197号	2003年8月1日	现行有效
—	《关于进一步规范矿业权出让管理的通知》	国土资发〔2006〕12号	2006年1月24日	现行有效
—	《矿业权交易规则(试行)》	国土资发〔2011〕242号	2012年3月1日	失效
—	《国土资源部关于进一步规范矿业权申请资料的通知》	国土资规〔2017〕15号	2018年3月18日	失效

续表

文件名简称	文件名全称	发文号	生效时间	截止本书出版时效力状态
《国有土地使用权纠纷解释》	《最高人民法院关于审理涉及国有土地使用权合同纠纷案件适用法律问题的解释》	法释〔2005〕5号	2005年8月1日	已被修改
《民事案件案由规定》	《最高人民法院关于印发修改后的〈民事案件案由规定〉的通知》	法〔2011〕42号	2011年4月1日	已被修改
《行政诉讼法》	《中华人民共和国行政诉讼法》	主席令第71号	2017年7月1日	现行有效
《行政诉讼法解释》	《最高人民法院关于适用〈中华人民共和国行政诉讼法〉的解释》	法释〔2018〕1号	2018年2月8日	现行有效
《行政协议案件规定》	《最高人民法院关于审理行政协议案件若干问题的规定》	法释〔2019〕17号	2020年1月1日	现行有效
《公司法》	《中华人民共和国公司法》	主席令第15号	2018年10月26日	现行有效
—	《探矿权采矿权转让审批有关问题的规定》	国土资勘发〔1998〕11号	1998年12月14日	现行有效
《合同法解释(一)》	《最高人民法院关于适用〈中华人民共和国合同法〉若干问题的解释(一)》	法释〔1999〕19号	1999年12月29日	失效
《自然保护区条例》	《中华人民共和国自然保护区条例》	国务院令第687号	2017年10月7日	现行有效
《担保法》	《中华人民共和国担保法》	主席令第50号	1995年10月1日	失效

续表

文件名简称	文件名全称	发文号	生效时间	截止本书出版时效力状态
《民事诉讼法》	《中华人民共和国民事诉讼法》	主席令第71号	2017年7月1日	已被修改
《刑法》	《中华人民共和国刑法》(2017年修正)	全国人民代表大会常务委员会委员长令第5号	2017年11月4日	已被修改
《行政许可法》	《中华人民共和国行政许可法》(2019年修正)	主席令第29号	2019年4月23日	现行有效
《行政复议法》	《中华人民共和国行政复议法》(2017年修正)	主席令第76号	2017年9月1日	现行有效
《矿山安全法》	《中华人民共和国矿山安全法》	主席令第65号	1993年5月1日	已被修改
《矿山安全法实施条例》	《中华人民共和国矿山安全法实施条例》	劳动部令第4号	1996年10月30日	现行有效
137号文	《国土资源部关于进一步做好建设项目压覆重要矿产资源审批管理工作的通知》	国土资发〔2010〕137号	2010年9月8日	现行有效
《两高办理采矿案件司法解释》	《最高人民法院、最高人民检察院关于办理非法采矿、破坏性采矿刑事案件适用法律若干问题的解释》	法释〔2016〕25号	2016年12月1日	现行有效

目录

第一章　矿产资源基础知识

矿产资源是人类社会赖以生存和发展的重要物质基础，是经济生活与工业化进程中的基本生产资料。矿业就是对矿产资源开发和利用的行业和业务。在现代社会，矿业在社会生产的发展过程中起着极其重要的作用。我国对金属矿产资源的开发与利用最早可追溯到殷商时期（距今3000多年前），智慧的古代劳动人民就掌握了孔雀石炼铜工艺，并在此基础上发展了青铜文明。后来，冶铁技术的不断进步，使人类社会逐渐进入文明与科学技术的繁盛阶段。

进入21世纪以来，随着我国经济建设稳定快速发展以及全球化程度的不断深入，国内矿产资源紧缺的情况日益突出，急需加强矿产勘查工作，以发现数量更多、质量更好的各类矿产资源，保证经济社会的可持续发展。截至2021年12月底，全国登记探矿权10,202个、登记面积269万平方千米；登记采矿权32,536个，登记面积27.6万平方千米。2021年，中国地质勘查投资972.87亿元，探矿权、采矿权出让收益1388.33亿元。以上数据表明，我国以矿产资源勘探与开采为核心的矿产开发仍处于高速发展阶段。本章旨在为本书读者提供基础性的有关矿产资源和矿业的一些知识，以便广大读者更好地理解矿业权。

第一节　矿产资源的种类

矿产资源是指由地质作用形成的，具有利用价值的，呈固态、液态、气态的自然资源。矿产资源按其产出状态即物态可分为固体矿产、液态矿产和气态矿产。固体矿产资源具有资源储量大、分布量广等特点，常见的固体矿产资源如各类金属或非金属矿床、煤等，是矿产资源中最为重要的开发对象。液态矿产通常是地下流体构成，常见的有石油、热卤水和地下水等。气态矿产则是指在地表或地下埋藏条件下以气体状态存在的自然资源，常见的有烃类天然气、煤层气、页岩气等。

按矿产的性质和工业利用情况,矿产资源可分为金属矿产、非金属矿产、能源矿产和水气矿产四类。

一、金属矿产

金属矿产是指从中可提取出某种可供工业利用的金属元素或化合物的矿产资源。金属矿产按工业用途及其物理、化学性质可分为:(1)黑色金属,包括铁、锰、铬、钒、钛。(2)有色金属,包括铜、铅、锌、铝土矿、镍、钴、钨、锡、铋、钼、汞、锑、镁。(3)贵金属,包括铂、钯、钌、锇、铱、铑;金、银。(4)稀有金属,包括铌、钽、铍、锂、锆、锶、铷、铯。(5)稀土金属,其中又可根据金属原子电子层结构和物理化学性质分为轻稀土金属(如镧、铈、镨、钕、钐、铕)和重稀土金属(如钇、钆、铽、镝、钬、铒、铥、镱、镥)。(6)分散元素,主要有钪、锗、镓、铟、铊、铪、铼、镉、硒、碲等。

二、非金属矿产

非金属矿产是指能供工业上提取某种非金属元素,或直接利用矿物或矿物集合体的某种工艺性质的矿产资源。按非金属矿产的工业用途可分为:(1)工业制造业原料,如石墨、金刚石、云母、石棉、重晶石、刚玉等。(2)化工原料,如磷灰石、磷块岩、黄铁矿、钾盐、岩盐、明矾石、芒硝(含钙芒硝)、磷、自然硫等。(3)冶金辅助原料,如萤石、菱镁矿、耐火粘土、白云岩、石灰岩、砂岩、脉石英等。(4)陶瓷及玻璃工业原料,如长石、石英砂、高岭土、粘土、凝灰岩、大理岩等。(5)水泥工业原料,如石灰岩、砂岩、页岩、其他粘土等。(6)建筑及装饰原料,如大理岩、石灰石、花岗岩、辉绿岩、安山岩、橄榄岩及各种石材等。(7)宝玉石,如金刚石、硬玉、软玉、玛瑙、绿松石、电气石和绿柱石等。此外,还有铸石材料(如辉绿岩)、研磨材料(如石榴子石、刚玉等)以及新技术需要的矿物原料。

三、能源矿产

能源矿产是指赋存于地表或者地下的,由地质作用形成的,呈固态、气态和液态的，具有提供现实意义或潜在意义能源价值的天然富集物。它既是经济社会发展需要的主要能源，又是重要的化工原料。根据能量形式及能量依存的物质基础，可分为燃料矿产、放射性矿产、地热资源三大类。燃料矿产通常是一次能源的主要来源，按照产出状态可分为三类：(1)固态能源矿产，如煤、石煤、油页岩、油砂、天然沥青等；(2)液态能源矿产，主要为石油；(3)气态能源矿产，如天然气、煤层气、页岩气。放射性矿产由天然放射性元素铀、钍等局部聚集形成的矿产资源，是核工业的重要原料。地热资源是指能被人类经济地开发利用的地球内部的地热能、地热流体及其有用组分，一般指在地壳表层以下 5000 米以内地层和岩石所含的热量，依其储存方式，可分为三种类型：(1)水热型，称为热液资源，统称为地热水；(2)土壤热源型；(3)热岩型，又称为干热岩资源。

四、水气矿产

水气矿产是指以气体或液体为载体形式的矿产资源，包括地下水、矿泉水、二氧化碳气、硫化氢气、氦气、氡气。

根据《中国矿产资源报告(2022)》刊载，截至 2021 年年底，中国已发现 173 种矿产，其中，能源矿产 13 种，金属矿产 59 种，非金属矿产 95 种，水气矿产 6 种。

第二节　矿产资源的勘查

矿产资源是推动社会经济发展的动力来源，也是国民经济的重要组成部分，而矿产资源勘查可以提高矿产资源的探明储量，为社会经济发展提供物质基础。矿产资源勘查是指发现矿产资源，查明其空间分布、形态、产状、数量、质量、开采利用条件，评价其工业利用价值的活动。矿产资源勘查通常依靠地球科学知识，运用地质填图、遥感、地球物理、地球化学等方法，采用槽探、钻探、坑探等取样工程，结合采样测试、试验研究和技术经济评价等予以实现。

由于矿产资源勘查涉及范围广，开发难度大，勘查条件十分艰苦，周期较长，且存在大量的不可控因素，因此有必要对其进行阶段划分，从而能够对勘查对象进行初步筛选，以便择优进行下一步勘查工作，确保后续勘查的可靠性和合理性，减少勘查投资的风险性，提高矿产勘查的效益。按照工作程度由低到高，矿产资源勘查划分为普查、详查和勘探三个阶段。

一、普查

矿产资源勘查的初级阶段，通过有效勘查手段和稀疏取样工程，发现并初步查明矿体或矿床地质特征以及矿石加工选冶性能，初步了解开采技术条件；开展概略研究，估算推断资源量，提出可供详查的范围；对项目进行初步评价，作出是否具有经济开发远景的评价。

二、详查

矿产资源勘查的中级阶段，通过有效勘查手段、系统取样工程和试验研究，基本查明矿床地质特征、矿石加工选冶性能以及开采技术条件；开展概略研究，估算推断资源量和控制资源量，提出可供勘探的范围；也可开展预可行性研究或可行性研究，估算储量，作出是否具有经济价值的评价。

三、勘探

矿产资源勘查的高级阶段，通过有效勘查手段、加密取样工程和深入试验研究，详细查明矿床地质特征、矿石加工选冶性能以及开采技术条件，开展概略研究，估算资源量，为矿山建设设计提供依据；也可开展预可行性研究或可行性研究，估算储量，详细评价项目的经济意义，作出矿产资源开发是否可行的评价。

以上勘查阶段的划分依据为《固体矿产资源储量分类》（GB/T 17766—2020），该国家标准自 2020 年 5 月 1 日，用以替代《固体矿产资源/储量分类》（GB/T 17766—1999），将固体矿产资源勘查阶段由原来的预查、普查、详查和勘探四个阶段，调整为普查、详查和勘探三个阶段。

矿产资源勘查通常需要借用一定的技术方法与手段，常见的矿产勘查技术方法据其原理可划分为地质填图、重砂测量、地球物理方法、地球化学方法、遥感方法、探矿工程等。地质填图可应用于矿产勘查的不同阶段、不同地区。重砂测量常以重砂取样为主要手段,从而实现追索寻找砂矿和原生矿的勘查目的。地球物理方法与地球化学方法是利用地球的物理场或物理现象、地质体的化学特征等进行找矿的技术方法,地球物理方法作为一种间接勘查手段,通常具备多解性,而地球化学方法则可提供有效辅助,排除其多解性。遥感地质测量是在航空摄影基础上发展起来的先进技术,通常用于大面积同步观测。探矿工程则是通过直接取出有代表性的实物地质资料,从而探明隐伏矿体或某些特定地质体的形态、产状、埋藏深度、规模、结构和资源储量,根据工作内容与工作深度进一步分为坑探工程、钻探工程两类,均在各勘探阶段得到最广泛的应用。

第三节　采矿与选矿

经过一系列的矿产资源勘查工作后,对有经济利用价值的矿体的地质特征、分布规律、资源储量等已经基本查明,但距离能够被现代工业作为原材料而使用的矿产品尚需要经过采矿和选矿。

一、采矿

采矿是一种工业生产过程和作业活动,把有用矿物开采出来,并运送到选矿厂或其他使用地点。根据直接工作对象的差别,将开采过程分为主要生产过程和辅助生产过程。

(一)主要生产过程

采矿的主要生产过程包括采准切割、回采、矿石运输、地压管理、废石排弃。(1)采准切割,为回采准备生产条件。(2)回采,将矿石崩落破碎,装入运输容器。地下回采包括落矿、出矿作业;露天回采包括穿孔、爆破和采装作业。(3)矿石运输,将装入运输容器的矿石运送至选矿厂或矿仓。(4)地压管理,包括巷道地压、立井地压、采场地压以及露天矿边坡。(5)废石排弃,将巷道掘进和露天剥离产出的废石排弃至废石场。

（二）辅助生产过程

采矿的辅助生产过程包括：(1)人员、材料和设备运送；(2)电气等动力供应；(3)通风、防尘等劳动保护；(4)排水、供水；(5)设备安装维修；(6)安全和环境保护；(7)地质、测量及仓库管理等其他辅助工作。

（三）开采方式

根据矿床赋存情况和开采技术条件，可将矿床的开采方式分为露天开采、地下开采和地下与露天联合开采三种方式。

1. 露天开采

露天开采是用一定的采、装、运设备，在敞露的空间从事开采工作。露天开采只要将上部覆土及两盘围岩剥离，不需要大量的井巷工程，就可以开采有用矿石，且露天开采作业条件方便、安全程度高、环境好、生产安全可靠、生产空间不受限制，为大型机械设备的应用能够实行机械化作业创造了良好的条件。露天开采适用于矿床厚度较大、埋藏较浅的条件。

2. 地下开采

地下开采是用地下巷道工程把矿床划分为井田、阶段（或盘区）、矿块（或矿段）进行开采工作。地下开采的重要特点是地下作业，生产环节多，工序复杂，且生产场所随矿产被采出而不断转移。相较于露天开采，地下开采作业空间狭窄，大型机械应用困难，生产能力受到限制；作业环境恶劣，需要通风、排水等系统；劳动生产率低，损失贫化较大。地下开采适用于矿床规模不大，埋藏较深的矿体。

3. 地下与露天联合开采

地下与露天联合开采则是上部或浅部用露天开采，深部用地下开采。

二、选矿

选矿又称矿物加工，是指用物理或化学方法将采出矿石中的有用矿物和无用矿物（通常称为脉石）或有害矿物分开，或将多种有用矿物分离开的工艺过程。选矿产品中，有用成分富集的称为精矿；有用目标组分含量较低而无法用于生产的部分称为尾矿;有用成分的含量介于精矿和尾矿之间,需进一步处理的称为中矿。金属矿物精矿主要作为冶炼提取金属的原料,非金属矿物精矿作为其他工业的原材料。

为了评价选矿效果,通常采用一些技术指标来表示。常用的选矿技术指标包括品位、产率、选矿比、富矿比和回收率等:(1)品位是指原矿和选矿产品中有用成分的单位含量。(2)产率与选矿比,产率是选出的矿产品的质量与原矿质量之比的百分数,选矿比则为原矿质量与选出精矿质量之比,精矿的产率与选矿比互为倒数。(3)富矿比又称富集比,即精矿品位与原矿品位之比。(4)回收率是指精矿中有用成分的质量与原矿中该有用成分的质量之比的百分数,是反映选矿效率的重要技术指标。

选矿是一个连续的生产过程,由一系列连续的作业所组成,通常由选别前的准备作业、选别作业和选别后的精矿脱水及尾矿处理三个阶段构成。(1)选别前的准备作业通常指矿石的粉碎作业,主要包括矿石的破碎与筛分、磨矿与分级,其目的是通过破碎或磨矿等工艺,将矿石中的有用矿物与脉石矿物单体解离,以满足选别作业对入选粒度的要求。(2)选别作业则是指将准备作业处理后的矿物原料,采用物理或化学方法,将有用矿物与脉石矿物分离,或使各种有用矿物彼此分离的作业过程。选别作业有重力选矿、电磁选矿、浮游选矿、化学选矿等。(3)精矿脱水是指对从选矿产品即精矿中除去选别作用过程中残存的水分的过程,而尾矿处理则是指将矿石经选别得到精矿之后剩余的部分进行无害化处理和储存。

为健全矿产资源节约集约利用机制和促进生态文明建设,强化矿产资源合理开发利用监管,国务院相关主管部门自 2012 年起,开始启动矿产资源合理开发利用“三率”(开采回采率、选矿回收率、综合利用率)标准研究工作。到 2022 年,全国累计完成 124 种矿产资源合理开发利用“三率”最低指标要求的研究制订工作,实现了在产矿山所涉及矿种全覆盖的目标,构建起我国矿产资源开发利用完整的“三率”指标体系。

第四节　矿产资源储量管理

矿产资源储量管理是指国家以矿产资源所有者和行政管理者的身份,对矿产资源的数量、质量和空间分布等信息数据进行监督管理,旨在促进矿产资源的有效保护和合理利用。矿产资源储量管理的主要内容包括:(1)组织制定矿产资源储量分类标准;(2)矿产资源储量统计,包括地质资料管理、矿产资源储备管理;(3)矿产资源储量供需关系的矿产资源形势与战略研究;(4)监督矿产资源储量的评估活动。

一、矿产资源储量分类

矿产资源储量的科学分类是掌握国情矿情和实施有效管理的重要前提,而矿产资源储量分类标准则是矿产资源管理的基础,是指导矿产资源勘查开采、保护与合理利用的重要依据。2020 年以前,我国一直沿用 1999 年发布的《固体矿产资源/储量分类》(GB/T 17766—1999)国家标准。该标准分类根据矿产资源经过勘查所获得的不同地质可靠程度和经相应的可行性评价所获不同的经济意义,分为储量、基础储量和资源量三大类 16 种类型。

随着市场经济的发展,该标准中存在的问题逐渐凸显,术语定义不准确,分类过于复杂,边界交叉不清,容易造成信息误导,理解困难,不易进行国际对比。因此,自然资源部提出《固体矿产资源储量分类》(GB/T 17766—2020)并于 2020 年 5 月 1 日正式实施,用以满足现阶段对矿产资源储量管理的需要。《固体矿产资源储量分类》(GB/T 17766—2020)科学确定了矿产资源储量分类分级,将固体矿产简化为资源量和储量两类。

(一)资源量

资源量——经矿产资源勘查查明并经概略研究,预期可经济开采的固体矿产资源,其数量、品位或质量是依据地质信息、地质认识及相关技术要求而估算的。按照地质可靠程度由低到高,资源量分为推断资源量、控制资源量和探明资源量。

(1)推断资源量:经稀疏取样工程圈定并估算的资源量,以及控制资源量或探明资源量外推部分;矿体的空间分布、形态、产状和连续性是合理推测的;其数量、品位或质量是基于有限的取样工程和信息数据来估算的,地质可靠程度较低。

(2)控制资源量:经系统取样工程圈定并估算的资源量;矿体的空间分布、形态、产状和连续性已基本确定;其数量、品位或质量是基于较多的取样工程和信息数据来估算的,地质可靠程度较高。

(3)探明资源量:在系统取样工程基础上经加密工程圈定并估算的资源量;矿体的空间分布、形态、产状和连续性已确定;其数量、品位或质量是基于充足的取样工程和详尽的信息数据来估算的,地质可靠程度高。

(二)储量

储量——探明资源量和(或)控制资源量中可经济采出的部分,是经过预可行性研究、可行性研究或与之相当的技术经济评价,充分考虑了可能的矿石损失和贫化,合理使用转换因素后估算的,满足开采的技术可行性和经济合理性。考虑地质可靠程度,按照转换因素的确定程度由低到高,储量可分为可信储量和证实储量。

(1)可信储量:经过预可行性研究、可行性研究或与之相当的技术经济评价,基于控制资源量估算的储量;或某些转换因素尚存在不确定性时,基于探明资源量而估算的储量。

(2)证实储量:经过预可行性研究、可行性研究或与之相当的技术经济评价,基于探明资源量而估算的储量。

资源量和储量之间可以相互转换,探明资源量、控制资源量可转换为储量。资源量转换为储量至少要经过预可行性研究,或与之相当的技术经济评价。当转换因素发生改变,已无法满足技术可行性和经济合理性的要求时,储量应适时转换为资源量。

《固体矿产资源储量分类》(GB/T 17766—2020)作为一项国家标准,其中规定发布固体矿产资源量、储量数据时,资源量和储量的类型术语仅可使用该标准中所定义的推断资源量、控制资源量、探明资源量、可信储量和证实储量。自然资源部对全国已探明矿产资源储量进行2021年度统计时,已要求按该标准进行统计,而油气矿产储量数据则按照《油气矿产资源储量分类》(GB/T 19492—2020)标准进行统计。

《油气矿产资源储量分类》(GB/T 19492—2020)中将油气矿产分为资源量和地质储量两类,其中资源量不再分级,地质储量则按地质可靠程度分为预测地质储量、控制地质储量和探明地质储量三级。企业可根据技术能力确定技术可采储量,根据经营决策确定经济可采储量。

二、矿产资源储量评审备案

矿产资源储量评审备案是指自然资源主管部门落实矿产资源国家所有的法律要求、履行矿产资源所有者职责,依申请对申请人申报的矿产资源储量进行审查确认,纳入国家矿产资源实物账户,作为国家管理矿产资源重要依据的行政行为。

矿产资源储量评审备案制度是矿产资源储量管理制度中重要的组成部分,我国矿产资源储量评审备案制度经历了一系列重要改革。1999 年,我国将计划经济体制下实行的由政府机构直接审批矿产储量的制度改革为在政府管理监督下的矿产资源储量评审认定制度。2003 年,《国土资源部关于加强矿产资源储量评审监督管理的通知》(国土资发〔2003〕136 号)的印发,结束了国土资源行政主管部门对矿产资源储量评审进行认定的历史,建立了矿产资源储量评审备案制度。2019 年,自然资源部印发的《关于推进矿产资源管理改革若干事项的意见(试行)》(自然资规〔2019〕7 号),又缩减了矿产资源储量政府直接评审备案的范围。2020 年,自然资源部办公厅又相继发布了《关于矿产资源储量评审备案管理若干事项的通知》(自然资办发〔2020〕26 号)、《关于做好建设项目压覆重要矿产资源审批服务的通知》(自然资办函〔2020〕710 号)、《关于进一步规范矿产资源储量评审备案工作的通知》(自然资办函〔2020〕966 号),对矿产资源储量评审备案管理制度进行了进一步完善。

按照最新的政策要求,我国对矿产资源实行储量评审备案分级分类管理,按矿业权登记、建设项目压覆重要矿产资源审批权限开展矿产资源储量评审备案工作。自然资源部负责本级已颁发勘查或采矿许可证的矿产资源储量评审备案工作,其他的则由省级自然资源主管部门负责。涉及建设项目压覆重要矿产的,由省级自然资源主管部门负责评审备案,石油、天然气、页岩气、天然气水合物和放射性矿产资源除外。

矿产资源储量评审备案范围包括探矿权转采矿权、采矿权变更矿种或范围,油气矿产在探采期间探明地质储量、其他矿产在采矿期间累计查明矿产资源量发生重大变化(变化量超过30%或达到中型规模以上的),以及建设项目压覆重要矿产。

凡申请矿产资源储量评审备案的矿业权人,应在勘查或采矿许可证有效期内向自然资源主管部门提交矿产资源储量评审备案申请、矿产资源储量信息表和矿产资源储量报告。凡申请压覆重要矿产资源储量评审备案的建设单位,应提交矿产资源储量评审备案申请、矿产资源储量信息表和建设项目压覆重要矿产资源评估报告。申请评审备案的矿产资源储量报告是指综合描述矿产资源储量的空间分布、质量、数量及其经济意义的说明文字和图表资料,包括矿产资源储量的各类勘查报告、矿产资源储量核实报告、建设项目压覆重要矿产资源评估报告等。

自然资源主管部门依据矿业权人或压矿建设项目单位递交的矿产资源储量评审备案申请,对矿产资源储量报告进行审查,出具评审备案文件。自然资源主管部门可委托矿产资源储量评审机构根据评审备案范围和权限组织开展评审备案工作,相关费用纳入财政预算。

第二章　矿业权简述

第一节　矿业权的概念

矿业权这个术语至今并没有出现在我国的法律、行政法规中，而是大多采用探矿权、采矿权的表述。

矿业权的概念曾大量出现在国家的政策文件中，如《“十三五”规划纲要》第十二章“建立现代产权制度”中规定：“深化矿业权制度改革，建立健全生态环境性权益交易制度和平台”；第三十章“建设现代能源体系”中规定：“加强陆上和海上油气勘探开发，有序开放矿业权，积极开发天然气、煤层气、页岩油（气）。”党的十八大之后，国家陆续颁发的一系列相关政策性文件，如《中共中央、国务院关于加快推进生态文明建设的意见》《生态文明体制改革总体方案》《国务院关于全民所有自然资源资产有偿使用制度改革的指导意见》等规定中多处提到矿业权概念；中共中央全面深化改革领导小组第三十一次会议审议通过的《矿业权出让制度改革方案》《矿产资源权益金制度改革方案》则直接对矿业权的出让、流转税等制度进行了规定。

原国土资源部作为矿产资源开发利用的行政主管部门，也发布了大量直接以矿业权为题的规章、规范性文件，如2000年制定的《矿业权出让转让管理暂行规定》第3条规定：“探矿权、采矿权为财产权，统称为矿业权，适用于不动产法律法规的调整原则。依法取得矿业权的自然人、法人或其他经济组织称为矿业权人。矿业权人依法对其矿业权享有占有、使用、收益和处分权。”2011年制定的《矿业权交易规则（试行）》第2条第1款规定：“本规则所称矿业权是指探矿权和采矿权，矿业权交易是指县级以上人民政府自然资源主管部门（以下简称自然资源主管部门）出让矿业权或者矿业权人转让矿业权的行为。”此外，原国土资源部还发布了大量涉及探矿权、采矿权监管的规范性文件。

在最高人民法院环境资源审判庭出版的《最高人民法院审理矿业权纠纷司法解释理解与适用》一书中提到“矿业权可理解为探矿权人、采矿权人基于勘察许可证勘查、开采矿产资源，取得勘察成果或者矿产品并排除他人干涉的权利。矿业权包括探矿权和采矿权两类具体权利，依法获得矿业权的民事主体为矿业权人”。①

本书将矿业权定义为探矿权和采矿权的统称，它是一种涉及矿产资源开发利用的财产权。

第二节　矿业权的历史沿革

一、国外矿业权的历史沿革

矿业权这个概念早在古罗马时期就已出现了，在当时，矿产资源被归为物的范畴，在古罗马的法律中规定，矿产资源的所有权属于国家，但国家可以将有些矿产出租给贵族和私人去开采。在古罗马时期的某些城市，很多自由人可以从国家或私人所有的矿产中租下某些矿坑，这些小矿主要向国家交纳一定数量的产品，凡愿意开采的开采者，可以取得所开采出的矿产的一半，另一半要交给国家。西方对矿业权概念的完善和发展的鼎盛时期是在 20 世纪 60 年代，随着第二次工业革命的完成，西方社会进入成熟工业化时期，矿产资源的开发和利用也受到了前所未有的重视。

矿业权是一个比较复杂的概念，要弄清它的确切含义，有必要对其进行解析。其实矿业权是一个权利束，是由一系列相关权利组合而成的。澳大利亚将矿产权分为探矿权、采矿权和评价权三类。日本矿业权制度以许可证制度为主，可分为钻探权制度和采掘权制度。而且规定，取得钻探权的企业在探明勘探区确有矿产并适于开采时，享有所探矿床的采掘优先权。综观中外学术界对矿业权概念的解析，我们发现有些学者把探矿权和采矿权直接设定一个矿权；有的学

① 杜万华主编，最高人民法院环境资源审判庭编著：《最高人民法院审理矿业权纠纷司法解释理解与适用》，中国法制出版社 2017 年版，第 27 页。

者把探矿权分为排他性探矿权和非排他性探矿权，再加上采矿权而构成三类；还有的在两类探矿权和采矿权的基础上又加上一个矿产评议权，所以成为四分法。

关于矿业权的主体，不同国家有不同的规定。《日本矿业法》规定除非条约有特别约定外，原则上不允许日本国民或日本法人以外的人成为矿业权人。美国相关法律规定美国公民和表示准备成为美国公民的外国人均可以进行矿区标界，并且保有采矿用地。加拿大的矿业权采用的是联邦和地方共管的政策，有的省是鼓励各种各样的投资者进行勘探和开发，当然包括外国投资者。俄罗斯的相关法律规定各种所有制形式的法人以及其他国家的公民都可以成为地下资源的使用者。《法国矿业法》规定，国内外的一切人均能平等的取得矿业权，只要具备管理事业的资格和必要的资力。在我国，原则上是矿业权的主体为中国的法人、合伙、个体采矿者，但我国《矿产资源法实施细则》第 7 条规定："国家允许外国的公司、企业和其他经济组织以及个人依照中华人民共和国有关法律、行政法规的规定，在中华人民共和国领域及管辖的其他海域投资勘查、开采矿产资源"。①

二、我国矿业权的历史沿革

（一）新中国成立之前的矿业权制度②

在中国，清朝末年之前，既没有矿业成文法，也没有著作阐述。有关矿业的制度和政策都散见于各种古籍中。先秦至清末 2000 多年间矿业政策，大体上有以下特点：

1. 矿业政策的中心是对矿产实行开放还是禁采，是官办还是民办。从春秋战国至秦汉、魏晋南北朝时期，各朝代主要实行的是"官山海"政策，即对盐铁官营，逐步涉及铜、金、银等其他矿种。但其间也有许多变化，如汉惠帝、吕后时期，文帝、元帝时期，后汉章帝时期，则对矿产实行开放政策，任民采取，收取矿税。此时开发利用的矿种主要是铜、铁，次为银、金、锡、铅、汞等。

2. 隋唐以后至明代，逐步实行矿产开发政策，任民采取，收取利税。但也是

---

① 戴永生：《国内外矿业权之法律属性分析》，载《世界有色金属》2006 年第 2 期。

② 参见曹晓凡、程伯仕、周黎：《矿业权制度的历史沿革》，载《资源环境与工程》2006 年第 4 期。

时开时禁,变幻无常。政策随着经济发展形势和社会对矿产的需求而变。开发利用矿种范围不断扩大,除铜、铁、金、银、锡、铝、汞外,宋以后,还增加了煤和石油等非金属矿产。

3. 矿业政策的发布形式多是以皇帝诏书或朝臣奏章,皇帝命允,在很大程度上代表皇帝或朝臣的意志。但后期已有矿业条例的雏形出现。如元世祖至元四年(1267 年),曾订立矿业条例 5 条,目的是保护官办矿场和恢复铜业税收。

4. 为加强矿业管理和矿场管理,各时代不同程度地设置有矿管机构或兼管机构。如周朝与战国时期设置“人”,秦汉设盐铁官,三国设司金都尉、盐铁校尉、铁都尉,晋设卫尉,隋置冶官,唐置铁冶使,宋设工部和下属虞部郎中、坑冶司及监、务、场等,辽置盐铁司、五冶太师官,金置银冶,元置铁冶及铜冶总管府、提举司,明置布政司、金场局、银场局、银冶、铁冶所等,负责矿业矿场管理和税收。

清朝末年,是中国早期矿法形成和逐步发展的重要时期。一是鉴于经济发展和兵工建设的需要,咸丰、同治以后到光绪时期,出现了一个开发矿业新高潮。官办、民办和合资矿业发展很快,许多外商加入其中。二是帝国主义加紧了对中国矿产资源的掠夺,取得了许多筑路和采矿优先权,其矿业资本已大大超过中国自办的矿业,必须制定矿业法规予以限制和规范。三是西方国家和日本等国已有较为完善的矿业法规可以借鉴。因此清末时期制定中国的矿法已成为必然。1898 年 10 月清政府制定了《矿务铁路公共章程二十二条》,次年 6 月又加修正案 4 条,该章程提出了矿业权概念,界定了地权、矿权的区别,这个章程可以说是中国矿业法规的开始。到光绪三十三年(1907 年)颁布《大清矿务章程》,宣统二年(1910 年)修订《大清矿务章程》。在其后的中华民国时期,矿业方面的法律在进行了适当和必要的修改后,基本上继承了清末的矿业法律制度。1916 年北洋政府农商部成立了修订矿法委员会,草拟了《中华民国矿业法》草案,几经修改、搁置,直到 1930 年国民党南京政府才正式公布了《中华民国矿业法》。为了配合矿业法,还公布了《矿业法施行细则》(1930 年)、《矿业登记规则》(1931 年)、《土石采取规划》(1931 年)、《矿场法》(1936 年)、《矿业监察员规程》(1931 年)、《经济部国营矿区管理规则》(1938 年)、《整理全国地质调查办法》(1931 年)、《管理钨锑运售办法》(1947 年)……据不完全统计,国民党南京政府制定了近百种矿业法律法规。这些对后来研究中国矿业权制度具有重要的参考价值。

（二）新中国成立之后的矿业权制度①

1950年，我国颁布了《矿业暂行条例》，该条例允许私人取得矿业权，但明显禁止了矿业权的私人自由转让。在第1条规定："全国矿藏，均为国有，如无须公营或划作国家保留区时，准许并奖励私人经营"；由于又同时规定了"不得转租"，并且"收回公营"的前提条件是"因事实上之必要"，给后来的社会主义改造留下了充足的余地。事实上也的确如此。许多资料都显示，在完成了社会主义改造之后，我国的私人所有制基本上被消灭了，当然矿业领域的私人资本也不例外。1965年颁布了《矿产资源保护试行条例》。在制定该条例时，我国已经取消了私有制，所以这部法规只是对矿业工作时应注意的事项作了原则性规定，不具有界定产权的性质。国家对矿产资源这种完全占有形式一直到改革开放初期都没有什么改变。在这段时间，这种由国家控制的矿业权体制，为国家的迅速工业化提供了充足的矿物原料保证。

改革开放后，在受到农村土地"承包"影响后，全国各行各业都开始了新的产权制度改革。虽然新的产权制度改革已经开始，但是这些改革仅仅只是探索而已，有时还不能脱离当时的时代背景。在改革开放初期，我国还是一直强调国有经济的主体地位，私人资本在社会中的地位还没有得到法律上的广泛认可。国有矿山企业作为矿产资源所有者——国家的代理人，就成为矿业权的主体，控制了全国大多数矿产资源。但是，随着改革开放政策的影响，私人已经以各种形式参与到社会生产的各个领域中来，并积极地探索能使自己得到比以前更多收入的产权制度形式。1986年我国第一部《矿产资源法》出台。虽然这部法律中提出了"勘察矿产资源，必须依法登记""开采矿产资源、必须依法申请取得采矿权"，但是对矿业权仍作了许多限制性规定。例如，"采矿权不得买卖、出租，不得用作抵押"，从而取消了自由转让的权利。1986年的《矿产资源法》巩固了国家通过国有矿山企业控制矿产资源的地位，并对集体和个人采矿行为做了限制。

20世纪90年代中后期是我国经济迅速、稳定发展的时期，国家相当大的一部分对矿产资源的需求，由乡镇矿业企业承担。由于市、县地方政府拥有小规模

---

① 参见苏迅：《我国探矿权采矿权发展简史》，中国地质矿产经济学会2003年年会论文。

矿山的发证权利，而大规模矿山的成立，需要到省或中央的矿产资源管理部门办理采矿许可证，并且也只有中央政府拥有矿业权的转让审批权，这导致市、县地方政府可以方便地设立小型矿山企业，而很难设立大型矿山企业。一方面，市、县地方政府为了地方的利益与发展，也更愿意设立小型矿山企业，尤其是小型集体矿山企业或私营矿山企业。另一方面，这些小矿山企业出于经营自主性的考虑，一般也不希望被联合成大型的矿山企业。

随着经济社会的发展，尤其是在矿业秩序整顿中，国家开始反思 1986 年《矿产资源法》的适用性和不足。对《矿产资源法》进行修改也随之被提上日程。1997 年，修改后的《矿产资源法》出台，正式提出了矿业权流转的概念。其后，作为补充，原国土资源部、财政部等中央有关部门相继出台了一系列规定，来完善我国矿业权的流转制度。这些法规主要是：1998 年 2 月，国务院分别以 240、241、242 号令的形式，颁布了《矿产资源勘查区块登记管理办法》《矿产资源开采登记管理办法》《探矿权采矿权转让管理办法》，这三个配套法规的出台，可以说是我国矿业权流转市场立法的主要内容。另外，有关矿业权市场中介方面的立法，还有《探矿权采矿权评估管理暂行办法》等，明确了出让和转让行为的界定，规定了探矿权采矿权各方面的权利义务，以及政府的责任。这些规定的出台，在一定程度上构建了我国现行矿业权制度的框架。

2000 年 10 月，原国土资源部颁布《矿业权出让转让管理暂行规定》，矿业权市场建立。探矿权采矿权在该暂行规定中首次被确定为财产权，矿业权人依法享有相应权利，包括占有、使用、收益和处分权。此外，矿业权的出售行为还得到了明确。不仅如此，矿业权抵押、出租等市场行为也得到该规定支持，丰富了流转矿业权的渠道。2003 年，原国土资源部出台《探矿权采矿权招标拍卖挂牌管理办法（试行）》，规范了矿业权招、拍、挂等行为。此外，2006 年出台《关于进一步规范矿业权出让管理的通知》，又一次明确了招、拍、挂活动。2007 年开始实施的《物权法》（已失效）中规定法律保护依法享有的探矿权、采矿权等权利，其财产属性也更加清晰。2011 年《矿业权交易规则（试行）》出台，进一步对政府出让矿业权的方式进行明确，包括探矿权通过申请在先的方式、矿业权招拍挂方式；对权属转化和转让的情形也进行了明确，包括矿业权转让、探矿权转化为采矿权等都必须进行进场交易；同时，交易信息可在有形的矿业权市场对社会发布。这一规则出台，有利于规范交易行为，保障矿业权交易活动秩序。

2017 年,《矿业权纠纷司法解释》出台,《矿业权纠纷司法解释》的出台是为了适应矿业权市场的发展需求,促进生态文明建设,统一裁判规则,是最高人民法院总结了各地法院,尤其是贵州、云南、陕西、山西、河北、河南、黑龙江等地法院审理矿业权纠纷案件实践经验的基础上而成的。《矿业权纠纷司法解释》确立了“依法保护矿业权流转,维护市场秩序和交易安全,保障矿产资源合理开发利用,促进资源节约与环境保护”的裁判理念,为矿业权纠纷案件的审理提供了重要参考。

第三节　矿业权的法律性质

随着党的十八届三中全会明确提出“健全自然资源资产产权制度和用途管制制度”,有关我国矿业权法律性质的探讨日益增多,已成为近年来环境法学界、民法学界,甚至宪法与行政法学界研究中的一个热点问题。在这样的背景下,已经形成了大量的学术成果。这些学术成果一方面推动了矿业权基础理论的发展;另一方面其在专题研究方面百花齐放,硕果累累。整理总结这些学术成果,不仅有助于厘清我国矿业权的法律性质,而且能够进一步健全我国的自然资源资产管理体制,加快我国生态文明建设的步伐。

一、国外的矿业权理论

德国矿业权的运行主要依据两大基本原则——许可原则和采矿人权利之先占原则。首先,许可原则为任何打算勘查这种矿藏的人,均需获得许可。从这样的表述中可以得知德国的矿产资源法律制度将矿产资源的开发利用分为勘探和开采两个阶段。而上述许可、同意、所有权授予均为行政行为。由此可见,在德国勘探开发矿山的权利均来自行政权力。其次,采矿权利人之先占原则。通过对该原则分析发现,对于所有权人的先占权仅存在于开采阶段,并且此种权利具有限制土地所有权人的效力。①

关于日本矿业权法律性质的主要内容可归纳为以下几点：第一，日本与我国相同，将矿产资源独立于土地之外，矿产资源并不成为土地所有权的客体；第二，日本与我国现行制度相似，对矿业权采取二分法，即分别对勘探和开采阶段进行授权分设探矿权和采掘权；第三，日本学者将未采掘的矿物视为矿业权客体，并且认为矿业权是一种排他性权利并被视为物权；第四，日本学者认为日本矿业权的取得应受到行政权力的限制，需要通过行政许可的方式进行取得。②

有关法国的矿业权介绍内容总结为以下观点：其一，法国将矿产资源排除在土地所有权范围之外；其二，政府垄断地享有开采地下矿藏的权利；其三，开采矿藏的权利相对土地所有权具有优先性，土地所有权人仅能获得微弱的使用费，而不能以土地所有权为依据限制开采矿藏的权利。由此可见，在法国矿业权属于一种行政私产的范畴，受私法调整，政府对于矿业权使用收益行为本质上是一种受私法支配的公务活动。③

由此可见，各国均承认矿业权受私法调整，具有财产权性质，且均需行政机关的许可，矿产资源独立于土地之外而且相对土地所有权具有优先效力。大陆法系的代表性国家对于矿业权的研究主要从民法角度展开，并未更多地从行政许可的角度作出分析。

二、国内的矿业权理论

矿产资源属于国家所有是《宪法》规定的基本财产权原则，我国《宪法》规定自然资源归国家所有，鉴于国家行使的管理权能是公民让渡出来的，由国家机关代表国家行使的对自然资源的管理权，其本质上是一种公法意义上的权力。此宪法上的公法权能决定了国家作为自然资源的主权者，应当为全体人民的利益行使该权力。当市场失灵时，国家自然可以直接依据法律规定对自然资源进行宏观调控，以保证自然资源的合理开发和利用。《矿产资源法》规定了矿产资源

---

① 参见王建刚：《我国矿业权法律性质研究综述》，载《昆明理工大学学报（社会科学版）》2017 年第 3 期。

② 参见［日］我妻荣：《我妻荣民法讲义Ⅱ·新订担保物权法》，罗丽译，中国法制出版社 2008 年版。

③ 参见王名扬：《法国行政法》，北京大学出版社 2007 年版，第 280 页。

的有偿使用制度，以及勘查、开采矿产资源必须依法取得探矿权、采矿权的制度。《民法典》第二编物权编第247条规定“矿藏、水流、海域属于国家所有”。第三分编用益物权第329条规定“依法取得的探矿权、采矿权、取水权和使用水域、滩涂从事养殖、捕捞的权利受法律保护”。可见，我国《民法典》已经明确了矿业权的权利性质为用益物权。但是其实，对于矿业权的性质我国法学界从20世纪80年代开始就有研究，但至今仍然没有形成较为统一的学说，目前，有如下比较有代表性的学说。

（一）矿业权是行政许可加合同

矿业权的取得采用行政许可方式，但采用合同的形式来表达双方的权利义务，矿业权制度因此被称为“行政许可加合同”，经济学界亦认为矿产资源产权是由所有权和矿业权等权利组成的一组权利束。行政许可解决经济管制问题，合同则涉及商品经济中的契约自由问题。

关于行政许可的属性最具代表性的为“赋权说”和“解禁说”。“赋权说”认为，行政许可是行政机关赋予相对人法律权利和资格的行为，但是行政许可中所“许可”的权利，都是法律已经明确规定的权利，行政机关不能通过颁发许可证赋予其权利，只能审查相对人是否具有行使该权利的条件，因而“赋权说”实为不当。“解禁说”认为，行政许可是对一般禁止行为的解除，是自由的恢复而非权利的授予。相对人获得的权利是固有的，而不是行政机关赋予的，但是法律对这种权利的行使附加了一般性的禁止，行政许可则是对权利的“解禁”。自然界是人类全面发展的现实基础，矿产资源作为自然界的重要组成部分，其开发和利用关系到人类的根本利益，所以原则上要对其实行普遍的禁止。但如果完全不进行资源的开发利用，也难以满足人类社会发展的客观需求。因此，国家才允许有条件地对矿产资源进行开发，而这个条件就是为了实现中国最大多数人最长远的最大利益。可见，“解禁说”语境下的矿业权制度中行政许可的本质：在普遍禁止的原则下，为实现中国最大多数人最长远的最大利益才可将禁止予以解除，此即对矿业权人本来应享有的合法权利所进行的一种恢复。人的全面发展是经济社会发展的根本目的。矿产资源的开发利用要求我们从人类可持续发展的长远利益出发，追求发展的可持续性，不仅要实现当代人自身的发展，而且也要实现未来世代人的发展。因此，国家需要在平衡当前利益和长远利益、私人利益和公共利益的前提条件下，对具备法律规定的资格和条件的相对人进行一般禁止的解除。用“解禁说”来解释矿业权制度中的行政许可，有利于行政权力的控制和矿业权人合法权益的保障，同时也符合中央一再倡导的“以人为本”的科学发展观的要求。①

（二）矿业权是用益物权

《民法典》第二编物权编第247条规定“矿藏、水流、海域属于国家所有”。第三分编用益物权第329条规定“依法取得的探矿权、采矿权、取水权和使用水域、滩涂从事养殖、捕捞的权利受法律保护”。可见，我国《民法典》已经明确了矿业权的权利性质为用益物权。那么矿业权是用益物权体现在哪些方面？

第一，矿业权是他物权，物权包括所有权和他物权。所有权具有物权的一切权能，是最完全的物权，可据以全面支配所有物。对他人之物享有的物权叫他物权。他物权有四个特征：第一，他物权是在他人所有物上设定的物权，这是他物权与自物权最本质的区别；第二，他物权从所有权派生而又与所有权相分离，具有相对独立的性质，故所有权为母权，他物权为子权；第三，他物权是受限制的物权，在一般情况下，他物权只是以所有权的一定权能为内容，其行使要受到所有权的制约；第四，他物权依据法律规定或者合同约定而发生。把“矿业权”纳入上述分析，可以看出，矿业权是由《矿产资源法》规定的、在矿产资源国家所有权之上设定的、从矿产资源国家所有权中派生出来的、并相对独立于矿产资源国家所有权的限定性物权，矿业权人仅享有对矿产资源进行勘查开发并由此获得收益的权利。因此，矿业权是他物权。

第二，矿业权是他物权中的一种，即用益物权。《罗马法》中规定“用益权人可以享用开采中的矿场，也可以开采新矿，但不能对耕种或空气的清洁造成损害”。《法国民法典》规定用益权人对于用益权发生时正在采掘的金属矿及石矿，有以与所有权人同一的方法收益的权利，但关于非经特许不得采掘的情形，用益权人于取得国土许可后，始得使用收益。设定探矿权或采矿权的目的，就是以矿产资源的勘探开发利用并获得收益，因此矿业权是典型的用益物权。②

---

① 参见李显冬、张雨嫣：《矿业权制度中法律关系之理论解构》，载《中国国土资源经济》2018年第1期。

② 参见曹磊：《论矿业权的物权属性及法律的完善》，载《国土资源导刊》2005年第4期。

(三)探矿权和采矿权是有区别的用益物权

在界定探矿权和采矿权的用益物权属性时,是有所差别的。“采矿权是指法人或自然人对依法许可其开采的矿产资源享有、占有、使用、收益的权利。”采矿权是从矿产资源中分离出来的,享有占有、使用、收益和一定的处分权能,是完全的用益物权。当然采矿权与传统用益物权有区别,“这就是采矿权还包括对国家所有的矿产资源的事实上的处分,国家所有的矿产资源是作为劳动对象被投入使用的”。[①] 传统的用益物权不包括对他人所有财产事实上的处分。因此,与传统的用益物权比较,采矿权是完整的用益物权。“探矿生产活动是寻找并揭示客观存在的矿产资源的行为,是一个对客观世界循序渐进认识的过程,探矿分普查、详查和勘探三个阶段进行,探矿权也是按各个不同的阶段分别设立的。”[②]矿产资源普查阶段的任务是对已发现的矿点和地质等进行普查工作,查明是否有进一步工作的价值,提交普查报告,为是否进行详查阶段工作提供依据,也就是说,“作为最初为普查阶段设立探矿权的矿化体,只是可能存在的矿产资源,尚未被揭示出在当前经济技术条件下的开发利用价值,因此也无价值可言。不能认为是现实的矿产资源,还不属于现实的财产,即不是民法上的物。最初作为普查阶段设立的探矿权只是一种可能的用益物权,而不属于现实的用益物权”。随着勘查阶段进入详查和勘探阶段,这种可能的用益物权会逐渐转变为现实的用益物权,即采矿权。因此,探矿权是逐渐形成并完善的用益物权。[③]

第四节 矿业权的类型

对于矿业权的类型,我国立法上采用了两分法,即矿业权分为探矿权和采矿权。因此,在我国矿业权是探矿权和采矿权的简称。我国《矿产资源法》第 3 条第 3 款规定:“勘查、开采矿产资源,必须依法申请,经批准取得探矿权、采矿权并办理登记。”

---

① 刘权衡:《关于矿业权用益物权属性研究和思考》,载《国土资源科技管理》2006 年第 1 期。

② 刘权衡:《关于矿业权用益物权属性研究和思考》,载《国土资源科技管理》2006 年第 1 期。

③ 参见冯军义、申升主编:《矿业权转让法律实务》,法律出版社 2016 年版,第 15 页。

一、探矿权

《矿产资源法实施细则》第 6 条第 2 款规定："探矿权，是指在依法取得的勘查许可证规定的范围内，勘查矿产资源的权利。取得勘查许可证的单位或个人称为探矿权人。"探矿权是指享有合法探矿资质的法人、自然人和其他组织向法定主管部门申请登记，取得勘查许可证，在规定区域范围和期限内，对规定矿产资源进行地质勘查的权利。取得勘查许可证的单位或个人称为探矿权人。

国家将原本属于国家的矿产资源所有权以设置特许权的方式授予探矿权人使用。矿业权的主体为取得勘查许可证获得探矿权的单位或个人，其客体为批准的区块范围内特定的矿产资源。探矿权具有物权的性质或称为他物权，具有排他性，即在批准的区块范围和期限内不允许设立第二个探矿权，也不允许任何其他单位和个人在该区块内勘查矿产资源。

国家对矿产资源勘查实行统一规划。全国矿产资源中、长期勘查规划，在国务院计划行政主管部门指导下，由国务院地质矿产主管部门根据国民经济和社会发展中期、长期规划，在国务院有关主管部门勘查规划的基础上组织编制。全国矿产资源年度勘查计划和省、自治区、直辖市矿产资源年度勘查计划，分别由国务院地质矿产主管部门和省、自治区、直辖市人民政府地质矿产主管部门组织有关主管部门，根据全国矿产资源中期、长期勘查规划编制，经同级人民政府计划行政主管部门批准后施行。法律对勘查规划的审批权另有规定的，依照有关法律的规定执行。

（一）探矿权人享有的权利

依据《矿产资源法》及相关法律，探矿权人享有的权利如下：

（1）按照勘查许可证规定的区域、期限、工作对象进行勘查。勘查许可证是探矿权人行使权利的依据，探矿权人在勘查许可证范围内行使权利受到法律保护，任何人不得侵犯其探矿权。否则探矿权人可以依据《民法典》物权编相关规定行使排除妨害请求权或者请求侵权损害赔偿，以维护自己的合法权利。

（2）在勘查作业区及相邻区域架设供水、供电、通信管线，但不得影响或者损害原有的供水、供电和通信管线。在勘查区域进行作业可以建设必要的辅助措施,这是探矿权人正常行使权利必需的,因而法律保护探矿权人的这种权利,但是这些辅助设施的建设不得影响或损害原有的设施,这是为了保护勘查区域原有居民的生产生活活动,权利的行使应当以他人的权利为边界。

(3)在勘查作业区及相邻区域通行。如果进行勘查工作,在勘查区域和相邻区域通行也是必需的,为了保障勘查工作的开展,这项权利受到法律保护。

(4)根据工程需要临时使用土地。这也是为了保障探矿权的行使,但是土地的使用应为行使探矿权之必要,如在该土地上临时搭建勘查设施是被允许的,但是超出探矿权的范围,如在土地上建厂就是不被允许的。而且,临时使用土地要获得土地主管部门的批准。

(5)优先取得勘查作业区内新发现矿种的探矿权。在进行某种矿产资源的勘查时,有可能会意外发现新的有价值的矿种,探矿权人可以优先取得该矿种的探矿权。

(6)优先取得勘查作业区内矿产资源的采矿权。这里的矿产资源是指探矿权人进行勘查的矿种,探矿权人可以优先取得该矿种的采矿权。

(7)自行销售勘查中按照批准的工程设计施工回收的矿产品,但是国务院规定由指定单位统一收购的矿产品除外。探矿权人对其在勘查过程中依据批准的勘查设计施工回收的矿产品有权自行销售或者留作自用。探矿权人享有的这种权利必须满足以下几个条件:第一,必须是在合法地勘查活动中取得的矿产品,如果是在非法勘查活动或采矿活动中取得的矿产品,即系非法所得,应予没收;第二,必须是在依据勘察设计所开展的勘查活动中取得的矿产品,如果是在勘察设计以外,名为勘查,实为开采或者是为了获得矿产品而开展的勘查活动中所取得的矿产品,亦系非法所得,应予没收。①

(8)排他权。排他权是指任何其他单位和个人,非经探矿权人授权,不得进入探矿权人的勘查作业区内开展勘查活动的权利。探矿权这种排他性是和财产权的排他性相一致的。财产权的排他性决定了在同一物或者物化的资产上只能设定一个所有权。探矿权既然是一种财产权,某一特定区域和工作对象的勘查权就只能由取得了该区域和工作对象的勘查许可证的探矿权人所专有。也就是

① 参见范荣华:《论探矿权的法律保护》,载《中国地质矿产经济》1997 年第 2 期。

说探矿权必须是排他的。[①]

（二）探矿权人应履行的义务

依据《矿产资源法》及相关法律，探矿权人应履行以下义务：

（1）在规定的期限内开始施工，并在勘查许可证规定的期限内完成勘查工作。

（2）向勘查登记管理机关报告开工等情况；开始勘查时，向勘查项目所在地的行政主管部门和登记管理机关报告开工情况；定期向登记管理机关报告勘查情况，接受管理机关的调查和检查。探矿权法定事项变更或终止时，应当向登记管理机关办理变更或注销手续。

（3）按照探矿工程设计施工，不得擅自进行采矿活动。擅自进行采矿活动的要接受行政处罚。

（4）在查明主要矿种的同时，对共生、伴生矿产资源进行综合勘查、综合评价。

（5）编写矿产资源勘查报告，提交有关部门审批。

（6）按照国务院有关规定提交矿产资源勘查成果档案资料。

（7）遵守有关法律、法规关于劳动安全、土地复垦和环境保护的规定。

（8）勘查作业完毕，及时封、填探矿作业遗留的井、硐或者采取其他措施，消除安全隐患。

探矿权人的义务其实也是探矿权人行使权利的限制或者规范，其目的在于使探矿权的行使按照矿产资源开发利用的特有秩序进行，并使其结果有利于自然资源的保护利用。

二、采矿权

《矿产资源法实施细则》第6条第3款规定："采矿权，是指在依法取得的采矿许可证规定的范围内，开采矿产资源和获得所开采的矿产品的权利。取得采矿许可证的单位或者个人称为采矿权人。"采矿权，又称"矿产使用权"，是指采

---

① 参见范荣华：《论探矿权的法律保护》，载《中国地质矿产经济》1997年第2期。

矿企业或个人在开采矿产资源的活动中,依据法律规定对矿产资源所享有的开采、利用、收益和管理的权利。我国《矿产资源法》规定,开采矿产资源必须依法申请取得采矿权;采矿权不得买卖、出租,不得用作抵押;国家保护合法的采矿权不受侵犯;任何单位和个人不得进入他人已取得采矿权的矿山企业矿区范围内采矿。

(一)采矿权人享有的权利

根据《矿产资源法》及相关法律规定,采矿权人享有以下权利:

(1)按照采矿许可证规定的开采范围和期限从事开采活动。在采矿权人为矿山生产和发展的考虑而需要开采其他矿种,或出于矿业技术和安全技术考虑,或者是非矿产资源与矿产资源混淆在一起难以分离时,法律应赋予采矿权人共同开采权。开采权不仅包括采矿权人自身的采掘活动,还包括经采矿人同意的他人开采活动。同时,采矿权人必须在采矿许可证规定的期限内从事开采活动,逾期开采则构成违法行为,应当承担相应的法律责任。

(2)自行销售矿产品,但是国务院规定由指定的单位统一收购的矿产品除外;通过开采活动使矿产与土地及矿床分离,形成矿产品,该产品系采矿权行使的结果归采矿人享有。采矿权人直接取得该产品的所有权,是矿业权法律效力的当然表现。但是,如果采矿权人从已经登记的矿藏中分离出来的物品属于采矿许可证以外的矿种,我国法律未作出明确的规定指示该产品的所有权归属。①

(3)在矿区范围内建设采矿所需的生产和生活设施。既然要开采矿产资源,就要建设相关的辅助设施,如开采设备,包括建筑井架、修建开采用建筑物以及进行辅助建筑的权利,并且开采工人在矿区的生活设施的建设也是应当保护的权利,以上权利的行使应以他人的合法权利为边界,不能侵犯其他矿业权人的矿业权。

(4)根据生产建设的需要依法取得土地使用权;采矿权中仅含有地下使用权,并不必然包含地表的使用权。当矿地位于国有土地上时,采矿权人应向国家土地管理部门办理土地使用权出让和登记手续,领取矿地使用权证,取得矿地使用权。如果该宗土地为荒漠等非耕地,采矿人又是国有矿山企业,矿地使用权通

---

① 参见冯军义、申升主编:《矿业权转让法律实务》,法律出版社 2016 年版,第 26 页。

常通过行政划拨的方式取得。如果该宗国有土地为耕地,矿地使用权通过出让方式取得,采矿权人需支付矿地使用权出让金。当矿地位于集体所有的土地上时,国家首先应该将该宗土地征为国有,然后再将国家土地使用权出让给采矿人,并自采矿人处取得矿地使用权出让金。采矿人取得矿地使用权后,便可占有使用该宗土地。①

(5)法律、法规规定的其他权利。

采矿权人行使前款所列权利时,法律、法规规定应当经过批准或者履行其他手续的,依照有关法律、法规的规定办理。

(二)采矿权人应履行的义务

根据《矿产资源法》及相关法律规定,采矿权人应履行以下义务:

(1)在批准的期限内进行矿山建设或者开采,逾期开采的构成违法行为,并且要在许可的区域内进行开采,否则构成越界开采。

(2)有效保护、合理开采、综合利用矿产资源,这里要求采矿权人对具有工业价值的共生、伴生矿应统一规划,综合开采,综合利用,对暂不能利用或开采的矿产资源要采取保护措施。

(3)依法缴纳资源税和矿产资源补偿费。

(4)遵守国家有关劳动安全、水土保持、土地复垦和环境保护的法律、法规。

(5)接受地质矿产主管部门和有关主管部门的监督管理,按照规定填报矿产储量表和矿产资源开发利用情况统计报告等。

---

① 参见冯军义、申升主编:《矿业权转让法律实务》,法律出版社 2016 年版,第 26 页。

第三章 矿业权的出让

第一节 矿业权出让概述

《矿业权交易规则》第2条规定："本规则所称矿业权是指探矿权和采矿权，矿业权交易是指县级以上人民政府自然资源主管部门出让矿业权或者矿业权人转让矿业权的行为。矿业权出让是指自然资源主管部门根据矿业权审批权限，以招标、拍卖、挂牌、申请在先、协议等方式依法向探矿权申请人授予探矿权和以招标、拍卖、挂牌、探矿权转采矿权、协议等方式依法向采矿权申请人授予采矿权的行为。矿业权转让是指矿业权人将矿业权依法转移给他人的行为。"由此可见，矿业权出让与矿业权转让不同，矿业权出让是指尚未取得矿业权的主体在矿业权一级市场取得矿业权的方式，而矿业权转让发生在矿业权交易的二级市场，是指依法已经取得矿业权的矿业权人转让矿业权的行为。矿业权出让适用《矿业权交易规则》，矿业权转让可参照执行该规则。值得注意的是，铀矿等国家规定不宜公开矿种的矿业权交易不适用该规则。

2016年12月30日，中共中央全面深化改革领导小组第三十一次会议并审议通过了《矿业权出让制度改革方案》(以下简称《方案》)。原国土资源部于2017年6月16日公布实施。《方案》强调除协议出让等特殊情形外，其他矿业权一律以招标、拍卖、挂牌方式出让，并先行在6个省区试点，2019年在全国推广实施。2019年3月15日，自然资源部发布了《关于印发〈矿业权出让管理办法〉的通知(征求意见稿)》，该征求意见稿虽然于同年3月30日截止，但自然资源部于2023年1月3日公布《矿业权出让交易规则》，最终以部门规范性文件的方式对矿业权的出让事宜进行规制。

一、矿业权的出让方式

按照颁发勘查许可证、采矿许可证的法定权限，矿业权出让由县级以上人民政府自然资源主管部门负责，依法办理。

以《矿业权出让交易规则》为依据，依照国家有关规定，矿业权出让应当通过公开的交易平台进行，并纳入统一的公共资源交易平台体系。其中，以招标、拍卖、挂牌方式出让矿业权的，矿业权出让事宜应当在统一的公共资源交易平台体系中进行。《矿业权出让交易规则》对以招标、拍卖、挂牌方式出让矿业权的程序性事宜进行了进一步明确，构建了交易平台依据出让人提供的相关材料发布出让公告、交易平台接受投标人或者竞买人的书面申请，组织交易并确认是否成交、交易平台发布中标通知书、成交确认书或书面意见以及交易平台和自然资源主管部门进行成交结果公示的出让流程。此外，除以招标、拍卖、挂牌方式出让矿业权外，《矿业权出让交易规则》还指出可以采取协议方式出让矿业权。采取协议出让方式的，自然资源主管部门在受理协议出让矿业权申请后，应当将相关信息进行公示，特殊情况下，确需事先征求省级人民政府意见的，由省级自然资源主管部门进行公示，且应当签订矿业权出让合同。

（一）可按申请在先取得的探矿权

属于《矿产勘查开采分类目录》（以下简称《分类目录》）规定的第一类矿产的勘查，并在矿产勘查工作空白区或虽进行过矿产勘查但未获可供进一步勘查矿产地的区域内，以申请在先即先申请者先依法登记的方式出让探矿权。

可按申请在先方式出让探矿权类矿产（第一类）：地热（火成岩、变质岩区构造裂隙型）；锰、铬、钒、钛；铜、铅、锌、铝土矿、镍、钴、钨、锡、铋、钼、汞、锑、镁；铂、钯、钌、锇、铱、铑；金、银；铌、钽、铍、锂、锆、锶、铷、铯；镧、铈、镨、钕、钐、铕、钇、钆、铽、镝、钬、铒、铥、镱、镥；钪、锗、镓、铟、铊、铪、铼、镉、硒、碲；金刚石、自然硫、硫铁矿、钾盐、蓝晶石、石棉、蓝石棉、石榴子石、蛭石、沸石、重晶石、方解石、冰洲石、萤石、宝石、玉石、地下水（火成岩、变质岩区构造裂隙型）；二氧化碳气、硫化氢气、氦气、氡气。

（二）可按招标、拍卖、挂牌方式出让的探矿权

（1）《分类目录》规定的第二类矿产：煤炭、石煤、油页岩、油砂、天然沥青、地热（沉积地层型）；铁；石墨、磷、硼、水晶、刚玉、硅线石、红柱石、硅灰石、钠硝石、滑石、云母、长石、叶腊石、透辉石、透闪石、明矾石、芒硝（含钙芒硝）、石膏（含硬石膏）、毒重石、天然碱、菱镁矿、黄玉、电气石、玛瑙、颜料矿物、石灰岩（其他）、泥灰岩、白垩、含钾岩石、白云岩、石英岩、砂岩（其他）、天然石英砂（其他）、脉石英、粉石英、天然油石、含钾砂页岩、硅藻土、页岩（其他）、高岭土、陶瓷土、耐火粘土、凹凸棒石粘土、海泡石粘土、伊利石粘土、累托石粘土、膨润土、铁矾土、其他粘土、橄榄岩、蛇纹岩、玄武岩、辉绿岩、安山岩、闪长岩、花岗岩、麦饭石、珍珠岩、黑曜岩、松脂岩、浮石、粗面岩、霞石正长岩、凝灰岩、火山灰、火山渣、大理岩、板岩、片麻岩、角闪岩、泥炭、矿盐（湖盐、岩盐、天然卤水）、镁盐、碘、溴、砷；地下水（沉积地层型）、矿泉水。

（2）《分类目录》规定的第一类矿产，已进行过矿产勘查工作并获可供进一步勘查的矿产地或以往采矿活动显示存在可供进一步勘查的矿产地。

（三）按照现行规定管理的矿业权

石油、天然气、煤成（层）气、铀、钍矿产资源的勘查开采，按照现行规定进行管理并逐步完善。

（四）经批准允许以协议方式出让的矿业权

以招标、拍卖、挂牌方式出让探矿权、采矿权，有下列情形之一的，经批准允许以协议方式出让。

（1）国务院批准的重点矿产资源开发项目和为国务院批准的重点建设项目提供配套资源的矿产地；

（2）已设采矿权需要整合或利用原有生产系统扩大勘查开采范围的毗邻区域；

（3）经省（区、市）人民政府同意，并正式行文报国土资源部批准的大型矿产资源开发项目；

（4）国家出资为危机矿山寻找接替资源的找矿项目。

协议出让探矿权采矿权，必须通过集体会审，从严掌握。协议出让的探矿权采矿权价款不得低于类似条件下的市场价。

（五）应当招标出让的矿业权

有下列情形之一的，应以招标的方式出让探矿权采矿权。

（1）根据法律法规、国家政策规定可以新设探矿权采矿权的环境敏感地区和未达到国家规定的环境质量标准的地区；

（2）共伴生组分多、综合开发利用技术水平要求高的矿产地；

（3）矿产资源规划规定的其他情形。

二、矿业权的出让流程

（一）以招标、拍卖、挂牌方式出让矿业权

第一，委托交易平台。自然资源主管部门拟出让矿业权，应当按照审批管理权限，在同级矿业权交易平台或者自然资源主管部门委托的矿业权交易平台中进行。以招标、拍卖、挂牌方式出让矿业权的，应当按照审批管理权限，在同级矿业权交易平台或者自然资源主管部门委托的矿业权交易平台中进行。自然资源部登记权限需要进行招标、拍卖、挂牌出让矿业权的，油气矿业权由自然资源部组织实施，非油气矿业权由自然资源部委托省级自然资源主管部门组织矿业权交易平台实施。矿业权交易平台是指依法设立的，为矿业权出让、转让提供交易服务的机构。矿业权交易平台包括已将矿业权出让纳入的地方人民政府建立的公共资源交易平台、自然资源主管部门建立的矿业权交易机构等。自然资源主管部门应当向矿业权交易机构下达委托书或者任务书。

第二，发布公告。矿业权交易平台依据出让人提供的相关材料发布出让公告，编制招标、拍卖、挂牌相关文件。应当在投标截止日、公开拍卖日或者挂牌起始日20个工作日前发布公告。矿业权交易平台或者自然资源主管部门应当在下列平台同时发布公告：（1）国土资源部门户网站；（2）同级自然资源主管部门门户网站；（3）矿业权交易平台交易大厅；（4）有必要采取的其他方式。出让公告应当包括以下内容：（1）出让人和矿业权交易平台的名称、场所；（2）出让矿业

权的简要情况,包括项目名称、矿种、地理位置、拐点范围坐标、面积、资源储量(勘查工作程度)、开采标高、资源开发利用情况、拟出让年限等,以及勘查投入、矿山地质环境保护及土地复垦要求等;(3)投标人或者竞买人的资质条件;(4)出让方式及交易的时间、地点;(5)获取招标、拍卖、挂牌文件的途径和申请登记的起止时间及方式;(6)确定中标人、竞得人的标准和方法;(7)风险提示;(8)对交易矿业权异议的处理方式;(9)公共资源交易领域失信联合惩戒相关提示;(10)需要公告的其他内容。

第三,取得交易资格。矿业权交易平台应当按公告载明的时间、地点、方式,接受投标人或者竞买人的书面申请;投标人或者竞买人应当提供其符合矿业权受让人主体资质的有效证明材料,并对其真实性和合法性负责。矿业权受让人资质证明材料应当包括企业法人营业执照或者事业单位法人证书、法定代表人身份证明以及按规定应当提供的其他材料。经矿业权交易平台审核符合公告的受让人资质条件的投标人或者竞买人,经矿业权交易平台书面确认后取得交易资格。

第四,按公告时间地点进行交易。矿业权交易平台应当按公告确定的时间、地点组织交易,并书面通知出让人和取得交易资格的投标人或者竞买人参加。招标、拍卖出让矿业权的,每宗标的的投标人或者竞买人不得少于 3 人。少于 3 人的,出让人应当按照相关规定停止招标、拍卖或者重新组织或者选择其他方式交易。招标、拍卖、挂牌方式出让矿业权的,招标标底、拍卖和挂牌底价、起始价由出让人按国家有关规定确定。招标标底,拍卖和挂牌底价在交易活动结束前须保密且不得变更。无底价拍卖的,应当在竞价开始前予以说明;无底价挂牌的,应当在挂牌起始日予以说明。投标人应当在投标截止时间之前,将投标文件密封送达矿业权交易平台,矿业权交易平台应当场签收保存,在开标前不得开启;投标截止时间之后送达的,矿业权交易平台应当拒收。在投标截止时间之前,投标人可以补充、修改但不得撤回投标文件,补充、修改的内容作为投标文件的组成部分。开标时,由出让人、投标人检查投标文件的密封情况,当众拆封,由矿业权交易平台工作人员宣读投标人名称、投标价格和投标文件的主要内容。矿业权交易平台应当按照已公告的标准和方法确定中标人。挂牌期间,矿业权交易平台应当在挂牌起始日公布挂牌起始价、增价规则、挂牌时间等;竞买人在挂牌时间内填写报价单报价,报价相同的,最先报价为有效报价;矿业权交易平台确认有效报价后,更新挂牌价。挂牌期限届满,宣布最高报价及其报价者,并询问竞买人是否愿意继续竞价。有愿意继续竞价的,通过现场竞价确定竞得人。挂牌时间不得少于10个工作日。

拍卖会竞价结束、挂牌期限届满,矿业权交易平台依照下列规定确定是否成交:(1)有底价的,不低于底价的最高报价者为竞得人;无底价的,不低于起始价的最高报价者为竞得人。(2)无人报价或者竞买人报价低于底价的,不成交。

第五,成交手续。招标成交的,矿业权交易平台应当在确定中标人的当天发出中标通知书;拍卖、挂牌成交的,应当当场签订成交确认书。中标通知书或者成交确认书应当包括下列基本内容:(1)出让人和中标人或者竞得人及矿业权交易平台的名称、场所;(2)出让的矿业权名称、交易方式;(3)成交时间、地点和成交价格,主要中标条件;(4)出让人和竞得人对交易过程和交易结果的确认;(5)矿业权出让合同的签订时间;(6)需要约定的其他内容。自然资源主管部门应指导矿业权交易平台,按照公共资源交易领域失信联合惩戒相关要求,做好矿业权招标、拍卖、挂牌活动中失信主体信息的记录、管理等工作。出让人与中标人或者竞得人应当根据中标通知书或者成交确认书签订矿业权出让合同。矿业权出让合同应当包括下列基本内容:(1)出让人、中标人或者竞得人和矿业权交易平台的名称、场所、法定代表人;(2)出让矿业权的简要情况,包括项目名称、矿种、地理位置、拐点范围坐标、面积、资源储量(勘查工作程度)、资源开发利用、开采标高等,以及勘查投入、矿山环境保护及土地复垦要求等;(3)出让矿业权的年限;(4)成交价格、付款期限、要求或者权益实现方式等;(5)申请办理矿业权登记手续的时限及要求;(6)争议解决方式及违约责任;(7)需要约定的其他内容。

第六,公示公开。招标、拍卖、挂牌方式出让矿业权成交的,矿业权交易平台应当在发出中标通知书或者签订成交确认书后5个工作日内进行信息公示。招标、拍卖、挂牌方式出让矿业权交易成交的,矿业权交易平台应当将成交结果进行公示。应当公示的主要内容包括:(1)中标人或者竞得人的名称、场所;(2)成交时间、地点;(3)中标或者竞得的勘查区块、面积、开采范围的简要情况;(4)矿业权成交价格及缴纳时间、方式;(5)申请办理矿业权登记的时限;(6)对公示内容提出异议的方式及途径;(7)应当公示的其他内容。公示信息应当在下列平台同时发布:(1)国土资源部门户网站;(2)同级自然资源主管部门门户网站;

(3)矿业权交易平台、交易大厅;(4)有必要采取的其他方式。

矿业权交易平台确需收取相关服务费用的,应当按照规定报所在地价格主管部门批准,并公开收费标准。公示期不少于10个工作日。

第七,矿业权登记。招标、拍卖、挂牌方式出让矿业权的,矿业权出让成交信息公示无异议、中标人或者竞得人履行相关手续后,持中标通知书或者成交确认书、矿业权出让合同等相关材料,向有审批权限的自然资源主管部门申请办理矿业权登记手续。需到现自然资源部办理以协议出让方式出让矿业权登记手续的,由省级自然资源主管部门按照公示无异议的书面材料,开展矿业权出让收益评估工作;油气矿业权的出让收益评估要求另行规定。

(二)协议出让矿业权

第一,《矿业权交易规则》第31条第2款规定,协议出让的参照本条内容签订出让合同。因此,矿业权协议出让的合同的内容与通过招拍挂出让的合同的基本内容是一致的。

第二,以协议方式出让矿业权的,在确定协议出让矿业权受让人和出让范围后、申请登记前,自然资源主管部门应当将相关信息进行公示。应当公示的主要内容包括:(1)受让人名称;(2)项目名称或者矿山名称;(3)拟协议出让矿业权的范围(含坐标、采矿权的开采标高、面积)及地理位置;(4)勘查开采矿种、开采规模;(5)符合协议出让规定的情形及理由;(6)对公示内容提出异议的方式及途径;(7)应当公开的其他内容。

第三,以协议方式出让矿业权(协议出让采矿权的含划定矿区范围申请和采矿权登记申请)申请登记的,在自然资源主管部门受理后,应当将相关信息对外公开。应当公开的主要内容包括:(1)申请人名称;(2)项目名称或者矿山名称;(3)申请矿业权的取得方式;(4)申请矿业权的范围(含坐标、采矿权的开采标高、面积)及地理位置;(5)勘查开采矿种、开采规模;(6)协议出让矿业权(划定矿区范围申请除外)的,所需缴纳的矿业权出让收益总额及缴纳方式;(7)应当公开的其他内容。

以协议方式出让矿业权的,公示信息应当在下列平台同时发布:

(1)自然资源部门户网站;

(2)同级自然资源主管部门(或人民政府)门户网站;

(3)有必要采取的其他方式。

公示期也不少于10个工作日。

(三)申请在先出让矿业权

第一,申请在先方式出让矿业权申请登记的,在自然资源主管部门受理后,应当将相关信息对外公开。应当公开的主要内容包括:(1)申请人名称;(2)项目名称或者矿山名称;(3)申请矿业权的取得方式;(4)申请矿业权的范围(含坐标、采矿权的开采标高、面积)及地理位置;(5)勘查开采矿种、开采规模;(6)协议出让矿业权(划定矿区范围申请除外)的,所需缴纳的矿业权出让收益总额及缴纳方式;(7)应当公开的其他内容。招标、拍卖、挂牌方式出让矿业权成交的,矿业权交易平台应当在发出中标通知书或者签订成交确认书后5个工作日内进行信息公示。矿业权交易平台确需收取相关服务费用的,应当按照规定报所在地价格主管部门批准,并公开收费标准。公示公开信息也应当在下列平台同时发布:(1)国土资源部门户网站;(2)同级自然资源主管部门门户网站;(3)有必要采取的其他方式。公示期不少于10个工作日。

(四)探矿权转采矿权

《矿业权交易规则》第32条规定,探矿权转采矿权(含划定矿区范围申请和采矿权登记申请)申请登记的,在自然资源主管部门受理后,应当将相关信息对外公开。应当公开的主要内容包括:(1)申请人名称;(2)项目名称或者矿山名称;(3)申请矿业权的取得方式;(4)申请矿业权的范围(含坐标、采矿权的开采标高、面积)及地理位置;(5)勘查开采矿种、开采规模;(6)协议出让矿业权(划定矿区范围申请除外)的,所需缴纳的矿业权出让收益总额及缴纳方式;(7)应当公开的其他内容。招标、拍卖、挂牌方式出让矿业权成交的,矿业权交易平台应当在发出中标通知书或者签订成交确认书后5个工作日内进行信息公示。矿业权交易平台确需收取相关服务费用的,应当按照规定报所在地价格主管部门批准,并公开收费标准。公示公开信息应当在下列平台同时发布:(1)国土资源部门户网站;(2)同级自然资源主管部门门户网站;(3)有必要采取的其他方式。公示期不少于10个工作日。

第二节 矿业权证的取得

矿业权的设立须申请人向矿产资源行政主管部门提出申请,在获得相关行政部门许可之后,申请人才取得采矿权或者探矿权。作为矿产资源所有权派生的子权利——矿业权是一种具有公权色彩的私权。在矿业权设立过程中,矿产资源所有权起着决定性作用。矿业权的设立以取得矿业权许可证为标志。本节,将会依据《矿产资源法》《矿产资源勘查区块登记管理办法》《矿产资源开采登记管理办法》《探矿权采矿权转让管理办法》《国土资源部关于进一步规范矿业权申请资料的通知》对矿业权人申请矿业权证需要准备的资料进行梳理整合,以求使矿业权证的申请人能更有目的性、更清晰、明确地准备相关资料。

一、矿业权申请资料申报要求

探矿权申请资料清单分为新立、延续、保留、变更、注销和试采(油气)六种类型,采矿权申请资料清单分为划定矿区范围、新立、延续、变更和注销五种类型。矿业权申请资料是申请矿业权审批登记的必备要件,申请人应按要求填报和提交,对提交的申请资料的真实性负责,并承担相应法律责任。

申请矿业权审批登记,应按照要求提交内容一致的纸质、电子文档各一份。除清单中标注为复印件的资料外,矿业权申报资料纸质文档应为原件。提交的复印件应清晰、完整,并加盖申请人印章;复印件为多页的,除在第一页盖章外,还应在每一页上加盖骑缝章。矿业权申请资料电子文档一律使用光盘存储,一个项目一份光盘,光盘表面应标注项目名称。提交的电子文档包括资料清单、所有纸质文档的扫描件及申请登记书报盘文件。其中:资料清单为 TXT 格式,以“资料清单 + txt”命名;纸质文档为 PDF 格式或 JPG(单页)格式,以“申报资料详细名称 + 文件格式”命名。

探矿权及采矿权申请资料清单及要求如下。

(一)探矿权的申请资料清单及要求

表3-1　探矿权的申请资料清单及要求

序号	材料名称	新立	延续	保留	注销	试采(油气)	变更					要求
							扩大勘查区块范围(含合并)	缩小勘查区块范围(含分立)	勘查主矿种	探矿权人名称	转让	
1	探矿权申请登记书或申请书	▲	▲	▲	▲	▲	▲	▲	▲	▲	▲	1.附电子报盘。 2.转让探矿权申请:探矿权人提交转让申请书,探矿权受让人提交变更申请登记书。 3.油气试采:提交试采申请书(含试采井位坐标表、控制范围坐标表)。 4.申请书含坐标页。
2	申请人的企业营业执照副本或事业单位法人证书(复印件)	▲	▲	▲	▲	—	▲	▲	▲	▲	▲	1.变更探矿权人名称申请:应提交变更前、后营业执照副本或法人证书。 2.转让探矿权申请:应提交转让人与受让人的企业营业执照副本或事业单位法人证书。
3	勘查许可证	—	▲	▲	▲	▲	▲	▲	▲	▲	▲	试采(油气)申请:提供复印件。
4	勘查工作计划、勘查合同或者委托勘查的证明文件(复印件)	▲	▲	—	—	—	▲	▲	▲	▲	▲	变更探矿权人名称申请(仅适用于油气):油气项目提供。

续表

序号	材料名称	新立	延续	保留	注销	试采(油气)	变更					要求
							扩大勘查区块范围(含合并)	缩小勘查区块范围(含分立)	勘查主矿种	探矿权人名称	转让	
5	勘查实施方案和评审意见书	▲	▲	—	—	▲	▲	▲	▲	▲	▲	1. 申请人可按要求自行编制也可委托有关机构编制勘查实施方案，审批部门不得以任何形式要求申请人委托特定中介机构服务。 2. 经省级自然资源主管部门组织或委托的机构组织评审通过并出具评审意见书。(仅适用于非油气) 3. 保留申请、试采申请、变更探矿权人名称及转让(仅适用于油气)：保留提供地理位置图及勘探程度图、试采申请提交试采方案(含试采井位、控制范围与勘查区块关系图)；其他油气申请提交勘查实施方案。 4. 缩小勘查区块范围(含分立)申请(仅适用于非油气)：以分立方式缩小勘查区块范围的提交此资料，其他缩小勘查区块范围申请不需提交此资料。

续表

序号	材料名称	新立	延续	保留	注销	试采(油气)	变更					要求
							扩大勘查区块范围(含合并)	缩小勘查区块范围(含分立)	勘查主矿种	探矿权人名称	转让	
6	省级自然资源主管部门意见	▲	▲	▲	—	—	▲	▲	▲	▲	▲	仅适用于非油气 按本通知及附件5要求,由省级自然资源主管部门通过系统报送。(国土资源部委托省级审批登记的除外)
7	协议出让申请资料	▲	—	—	—	—	▲	—	—	—	—	1. 限于以协议方式出让探矿权的,以合并方式扩大勘查区块范围的不需提交此资料。 2. 提交协议出让申请,协议出让制度规定的有关政府及部门文件等资料。
8	地质资料汇交凭证	—	—	—	▲	—	—	—	—	—	—	
9	矿业权出让收益(价款)缴纳或有偿处置证明材料(复印件)	▲	—	—	—	—	▲	—	▲	▲	▲	提供缴款通知书、分期缴款批复或包含矿业权出让收益(价款)缴纳时间、方式的矿业权成交确认书、矿业权出让合同以及矿业权出让收益(价款)缴纳票据和相关凭证等材料。如没有相应材料,应由批准缴款的自然资源主管部门出具书面意见,说明矿业权出让收益(价款)缴纳的具体情况;对已批准将矿业权出让收益(价款)转增为国家基金或国家资本金的,应提供批复文件。

续表

序号	材料名称	新立	延续	保留	注销	试采(油气)	变更					要求
							扩大勘查区块范围(含合并)	缩小勘查区块范围(含分立)	勘查主矿种	探矿权人名称	转让	
10	符合国家限制及政策调控申请条件的证明材料	▲	—	—	—	—	▲	—	▲	—	—	仅适用于非油气 1. 新立、扩大勘查区块范围(含合并)申请:仅限于申请国家限制或政策调控矿种的勘查项目,以合并方式扩大勘查区块范围的不需提交此资料。 2. 变更勘查主矿种申请:仅限于变更后的矿种为国家限制或政策调控矿种的勘查项目。
11	经评审备案的矿产资源储量评审意见书(复印件)	—	—	▲	—	—	—	—	—	—	—	仅限于首次探矿权保留申请。
12	勘查项目完成报告或者终止报告	—	—	—	▲	—	—	—	—	—	—	
13	变更探矿权人名称的证明文件(原件或复印件)	—	—	—	—	—	—	—	—	▲	—	工商部门出具的变更批准文件或工商变更事项查询单等资料。
14	探矿权转让合同(复印件)	—	—	—	—	—	—	—	—	—	▲	

续表

序号	材料名称	新立	延续	保留	注销	试采（油气）	变更					要求
							扩大勘查区块范围（含合并）	缩小勘查区块范围（含分立）	勘查主矿种	探矿权人名称	转让	
15	经评审备案的普查以上工作程度的地质报告(原件或复印件)	—	—	—	—	—	—	—	—	—	▲	仅适用于非油气 仅限以申请在先、招标、拍卖、挂牌方式取得的探矿权，设立时间满1年但未满2年的勘查项目。
16	国务院批准设立石油公司或者同意的批准文件	▲	—	—	—	—	—	—	—	—	▲	仅适用于油气 转让申请：由受让人提供。
17	对外合作合同副本等有关批准文件	▲	▲	▲	—	—	▲	▲	▲	▲	▲	仅适用于油气 签订对外合同后即备案。
18	煤炭矿业权许可证、煤层气与煤炭范围关系图	▲	—	—	—	—	—	—	—	—	—	仅适用于油气 适用于在自有煤炭矿业权内补办煤层气矿业权项目。

注：1. 表中标“▲”为必须提交的资料（“要求”栏中有特殊规定的，从其规定），标“—”为无须提交的资料。

2. 申请人需提交纸质文档和电子文档各一份，且内容相互一致。

3. 除特殊要求外，纸质文档都须提交原件。复印件若为多页，需在首页、骑缝加盖申请人印章；若为单页，需在页面加盖申请人印章。

4. 凡涉及申请人盖章，必须与矿业权人名称一致。

(二)采矿权的申请资料清单及要求

表3－2 采矿权的申请资料清单及要求

序号	材料名称	划定矿区范围	新立	延续	注销	变更					要求
						扩大矿区范围	缩小矿区范围	开采主矿种、开采方式	采矿权人名称	转让	
1	划定矿区范围申请书、采矿权申请登记书或申请书	▲	▲	▲	▲	▲	▲	▲	▲	▲	1. 附电子报盘。 2. 转让采矿权申请:应提交转让申请书和变更申请登记书。
2	申请人的企业营业执照副本(复印件)	▲	▲	▲	▲	▲	▲	▲	▲	▲	1. 变更采矿权人名称申请:应提交变更前、后的企业营业执照副本。 2. 转让采矿权申请:应提交转让人与受让人的企业营业执照副本。
3	矿业权出让收益(价款)缴纳或有偿处置证明材料(复印件)	▲	▲	▲	▲	▲	▲	▲	▲	▲	提供缴款通知书、分期缴款批复或包含矿业权出让收益(价款)缴纳时间、方式的矿业权成交确认书、矿业权出让合同以及矿业权出让收益(价款)缴纳票据和相关凭证等材料。如没有相应材料,应由批准缴款的自然资源主管部门出具书面意见,说明矿业权出让收益(价款)缴纳的具体情况;对已批准将矿业权出让收益(价款)转增为国家基金或国家资本金的,应提供批复文件。

续表

序号	材料名称	划定矿区范围	新立	延续	注销	变更					要求
						扩大矿区范围	缩小矿区范围	开采主矿种、开采方式	采矿权人名称	转让	
4	经评审备案的矿产资源储量评审意见书及登记书(复印件)	▲	▲	▲	▲	▲	▲	▲	▲	▲	1. 划定矿区范围申请(仅适用于非油气):提交经评审备案的评审意见书及查明储量登记书。 2. 新立申请:提交经评审备案的储量评审意见书,油气矿业权人还需提供油气矿产资源储量登记书,非油气矿业权人在领取采矿许可证前办理占用矿产资源储量登记。 3. 延续申请:非油气提交原采矿权占用储量登记书和剩余保有资源储量证明材料,属大中型资源储量规模的,剩余保有资源储量的证明材料为近3年经评审备案的资源储量报告评审意见书,其他情况剩余保有资源储量的证明材料为当年或上一年度矿山储量年报;油气提交原采矿权占用储量登记书及近3年的经评审备案的矿产资源储量评审意见书及登记书。 4. 注销申请:非油气提交停办(关闭)矿山残留矿产资源储量登记书;油气提供矿产资源储量结算报告及批复文件。 5. 变更申请:非油气提交经评审备案的储量评审意见书、原占用储量登记书和变更后的矿产资源储量说明,矿业权人在领取采矿许可证前办理占用矿产资源储量登记;油气提交原采矿权油气储量登记书及近3年的经评审备案的评审意见书及登记书。

续表

序号	材料名称	划定矿区范围	新立	延续	注销	变更					要求
						扩大矿区范围	缩小矿区范围	开采主矿种、开采方式	采矿权人名称	转让	
5	省级自然资源主管部门意见	▲	▲	▲	▲	▲	▲	▲	▲	▲	仅适用于非油气 按本通知及附件5要求，由省级自然资源主管部门通过系统报送。(国土资源部委托省级审批登记的除外)
6	外商投资企业批准证书(复印件)	—	▲	▲	—	▲	▲	▲	▲	▲	仅适用于非油气 1. 新立申请:仅限于外商提出申请的。 2. 延续申请:仅限于采矿权人为外商的。 3. 变更申请:仅限于采矿权人为外商的,其中转让变更仅限于采矿权受让人为外商的。
7	有关主管部门的项目核准文件(复印件)	—	▲	—	—	—	—	—	—	—	仅适用于非油气 仅限于煤炭采矿权或外商申请《外商投资产业指导目录(最新版)》中限制性矿种的,应有相关主管部门的项目核准文件。
8	采矿许可证正、副本	—	—	▲	▲	▲	▲	▲	▲	▲	
9	矿山地质环境保护与土地复垦方案评审意见及公告结果(复印件)	—	▲	▲	—	▲	—	▲	—	—	延续申请:适用于未提交过方案或方案已超出有效期的,以及原矿山地质环境保护与治理恢复方案和土地复垦方案其中一个超过有效期的情形。

续表

序号	材料名称	划定矿区范围	新立	延续	注销	变更					要求
						扩大矿区范围	缩小矿区范围	开采主矿种、开采方式	采矿权人名称	转让	
10	地质资料汇交凭证或无需汇交地质资料意见表(复印件)	▲	▲	—	▲	▲	▲	—	—	—	1. 划定矿区范围申请(仅适用于非油气):仅限于探矿权人申请探转采的情形。 2. 新立申请(仅适用于油气):需提交地质资料汇交凭证。
11	三叠图	▲	▲	—	—	▲	—	—	—	—	仅适用于非油气 1. 划定矿区范围申请:应提交探矿权范围(或招拍挂出让范围、申请协议出让范围)、申请划定的矿区范围与资源储量估算范围的坐标及三者叠合图。 2. 新立、扩大矿区范围申请:应提交申请采矿权范围、资源储量估算范围与划定矿区范围的坐标及三者叠合图。
12	矿产资源开发利用方案和专家审查意见	—	▲	▲	—	▲	▲	▲	▲	▲	延续、缩小矿区范围、变更采矿权人名称及转让申请:仅适用于油气,油气申请项目仅需提交矿产资源开发利用方案。
13	环境影响评价报告及环保部门批复文件(复印件)	—	▲	—	—	▲	—	▲	—	—	

续表

序号	材料名称	划定矿区范围	新立	延续	注销	变更					要求
						扩大矿区范围	缩小矿区范围	开采主矿种、开采方式	采矿权人名称	转让	
14	划定矿区范围批复(原件、复印件)	—	▲	—	—	▲	—	—	—	—	仅适用于非油气 1.办理过预留期延续的,还应提交延期批复。 2.新立申请:提交原件。
15	勘查许可证	▲	▲	—	—	▲	—	▲	—	—	1.限于探矿权人提出申请的。 2.新立、扩大矿区范围、变更开采主矿种申请(仅适用于油气):需提交勘查许可证。
16	协议出让申请材料	▲	—	—	—	—	—	—	—	—	仅适用于非油气 1.限于以协议方式出让采矿权的。 2.提交协议出让申请,协议出让制度规定的有关政府及部门文件等资料。
17	以地质地形图为底图的矿区范围图	—	▲	—	—	—	—	—	—	—	仅适用于非油气
18	关闭矿山报告或完成报告、终止报告	—	—	—	▲	—	—	—	—	—	关闭矿山报告中应包含矿区范围图、矿山开采现状及实测图件、储量动用及剩余情况、土地复垦利用情况或者依法缴纳土地复垦费情况、采矿权使用费的缴纳情况及相关票据等内容。
19	变更采矿权人名称的证明文件(原件或复印件)	—	—	—	—	—	—	—	▲	—	工商部门出具的变更批准文件或工商变更事项查询单等资料。

续表

序号	材料名称	划定矿区范围	新立	延续	注销	变更					要求
						扩大矿区范围	缩小矿区范围	开采主矿种、开采方式	采矿权人名称	转让	
20	矿山投产满1年的证明材料	—	—	—	—	—	—	—	—	▲	其中以协议方式取得的，除母公司与全资子公司之间的转让外，应提交矿山投产满5年证明材料。
21	采矿权转让合同（复印件）	—	—	—	—	—	—	—	—	▲	转让合同中应包含土地复垦等其他法定义务转移的相关内容。
22	上级主管部门或单位同意转让的意见	—	—	—	—	—	—	—	—	▲	仅限于涉及国有资产企业转让变更申请。
23	国务院批准设立石油公司或者同意的批准文件	—	▲	—	—	—	—	—	—	▲	仅适用于油气 转让申请由受让人提供。
24	对外合作合同副本等有关批准文件	—	▲	▲	—	▲	▲	▲	▲	▲	仅适用于油气
25	煤炭矿业权许可证、煤层气与煤炭范围关系图	—	▲	—	—	—	—	—	—	—	仅适用于油气

注：1. 表中标"▲"为必须提交的资料（"要求"栏中有特殊规定的，从其规定），标"—"为无须提交的资料。

2. 申请人需提交纸质文档和电子文档各一份，且内容相互一致。

3. 除特殊要求外，纸质文档都须提交原件。复印件若为多页，需在首页、骑缝加盖申请人印章；若为单页，需在页面加盖申请人印章。

4. 凡涉及申请人盖章，必须与矿业权人名称一致。

二、矿业权申请(登记)书格式及要求

向国土资源部提交的申请(登记)书应报送电子报盘,最新版本报盘软件从国土资源部官方网站下载,下载路径:国土资源部门户网站首页 > 办事 > 软件 - 矿业权 > 矿业权软件。矿业权申请的范围拐点坐标采用2000国家大地坐标系,高程采用1985国家高程基准。矿业权申请(登记)书按新的统一格式施行。探矿权及采矿权申请(登记)书(格式),由于篇幅过大不在本书转录,申请人可以在《国土资源部关于进一步规范矿业权申请资料的通知》的附件中下载。

三、省级自然资源主管部门意见及其他文件

在自然资源部申请办理探矿权、采矿权审批登记的,除探矿权注销审批登记外,申请人应向省级自然资源主管部门提出查询要求,省级自然资源主管部门应对相关事项进行核查并将核查结果及时直接书面报自然资源部。

省级自然资源主管部门意见应以自然资源部为主送单位,编正式文号并加盖单位公章,以PDF文档形式通过"国土资源主干网"的"自然资源部远程申报系统"直接传输至部政务大厅。若涉及铀矿采矿权开采范围、生产规模的,按秘密级文件的相关规定报送。

军事部门意见由审批登记机关直接征询,其他部门文件资料由申请人按规定报送。

四、典型案例:探矿权证变更须经地质矿产主管部门许可

【典型案例】孙某贤等与玄某军探矿权纠纷申请再审案[(2011)通民初字第84号;(2014)内民一终字第165号;(2015)民申字第464号]①

【裁判要旨】

在审理探矿权民事纠纷案件中,如何划分行政权和司法权的界限是一个焦

① 引自《人民司法·案例》2015年第24期。

点问题。探矿权权属纠纷解决的主要是确认出资人、是否构成侵权等问题，因探矿权的取得须经地质矿产主管部门审批，人民法院不宜直接判决探矿权证的归属，否则，必然产生司法权与行政权的冲突。

【基本案情】

内蒙古自治区通辽市中级人民法院经审理查明，孙某贤、孙某升、金某军（以下简称孙某贤等三人）于2004年以招商引资的形式在奈曼旗青龙山镇向阳所村投资承包林地，承包期15年(2004年7月30日至2019年7月30日)，用于开发铁矿。孙某贤等三人得知玄某军有能力办理探矿证，便委托其办理，并将申请办理探矿证的相关资料（委托勘查合同书、疏林地承包合同书、存款证明、探矿权申请登记书）及办证资金114万元交给了玄某军。经内蒙古自治区国土资源厅批准，通辽市国土资源局于2005年12月28日对奈曼旗青龙山向阳所一带铁矿普查探矿权实行挂牌出让，并予以公告。玄某军将孙某贤等三人交给他的办证资料勘查合同书、疏林地承包合同书上面孙某贤的名字改成玄某军自己的名字，并由刘某林私刻"辽宁省第四地质大队"的公章（奈曼旗公安局委托中国刑警学院已经作出鉴定）伪造勘查合同，用孙某贤等三人交给他的办证资金，以奈曼旗北方建筑公司（该公司法定代表人为玄某军）名义竞标，将探矿证办到玄某军自己名下。2006年2月13日，内蒙古自治区国土资源厅以玄某军的名字颁发了矿产资源勘查许可证。孙某贤等三人向法院起诉，请求确认矿产资源勘查许可证归孙某贤等三人所有。

【裁判结果】

案件经过了一审、二审，直到再审。

最高人民法院经审查认为：《矿产资源法》第3条第3款规定，勘查、开采矿产资源，必须依法分别申请、经批准取得探矿权、采矿权，并办理登记。《矿产资源法实施细则》第5条第1款规定，国家对矿产资源的勘查、开采实行许可证制度。勘查矿产资源，必须依法申请登记，领取勘查许可证，取得探矿权。据此，探矿权的设立须经地质矿产主管部门的许可。此行政许可具有赋权的性质，属于行政机关管理职能，由行政许可法等行政法予以调整。根据《行政许可法》第69条第2款的规定，"被许可人以欺骗、贿赂等不正当手段取得行政许可的，应当予以撤销"。本案当事人讼争的探矿权，系由内蒙古自治区国土资源厅于2006年2月13日颁发矿产资源勘查许可证，该证记载玄某军为案涉探矿权的权利人。

孙某贤等三人认为玄某军未忠实履行委托义务,采取欺诈的手段,将孙某贤等三人委托其办理的探矿权证办理在了自己名下,可以根据以上规定以利害关系人的身份向地质矿产主管部门提出撤销申请,并请求对案涉探矿权的归属依法作出处理;也可以依法提起行政诉讼,请求人民法院对地质矿产主管部门的相关具体行政行为进行司法审查。此外,若认为因玄某军采取欺诈手段造成经济损失,孙某贤等三人还可以向玄某军主张民事损害赔偿。法律针对不同性质的纠纷规定了不同形式的救济渠道,当事人亦须依法妥当行使诉讼权利,才能及时维护其合法权益。尤其是在探矿权须经行政许可方能设立、变更或者撤销的情况下,孙某贤等三人直接提起民事诉讼,请求对案涉探矿权进行确权,不符合《民事诉讼法》第119条第4项规定的民事诉讼受案范围。故,二审法院裁定驳回孙某贤等三人的起诉,适用法律并无不当。综上,孙某贤等三人的再审申请不符合《民事诉讼法》第200条第2项、第6项规定的情形。依照《民事诉讼法》第204条第1款之规定,裁定:驳回孙某贤等三人的再审申请。

【案例评析】

1. 探矿权的取得须经地质矿产主管部门许可,该许可具有赋权性质

2007年3月16日通过的《物权法》明确地将矿业权归人用益物权,确立了矿业权的法律属性。在中国,矿产资源的所有权属于国家,其他法律主体取得的只能是使用权。这种使用权相对于所有权而言是一种他物权、限制物权。国家对特定矿区或者工作区内勘查、开采一定的矿产资源,取得矿产品的行为进行登记管理,也是国家将占有、使用、收益和一定的处分权能让渡给使用人的一种表现。因矿业权"涉及国家(由政府代表)、矿产资源的勘探者和开采者、社会公众等主体及其各不相同的利益",故矿产资源并非一般的私人资源,具有强烈的公法性。《矿产资源法》第3条第3款规定,勘查、开采矿产资源,必须依法分别申请、经批准取得探矿权、采矿权,并办理登记。第4款规定,从事矿产资源勘查和开采的,必须符合规定的资质条件。《矿产资源法实施细则》第5条第1款规定,国家对矿产资源的勘查、开采实行许可证制度。勘查矿产资源,必须依法申请登记,领取勘查许可证,取得探矿权。《探矿权采矿权转让管理办法》第4条第1款规定,国务院地质矿产主管部门和省、自治区、直辖市人民政府地质矿产主管部门是探矿权、采矿权转让的审批管理机关。依据上述法律、行政法规,探矿权的设立、变更等均由地质矿产主管部门审批,探矿权的设立、变更和资源勘

查许可证的登记、变更等属于地质矿产主管部门管理职能，属于行政法调整的范围。

2. 法院应结合当事人诉请确定是否属于探矿权民事案件的受案范围

我国法律针对不同性质的纠纷规定了不同形式的救济渠道，当事人亦须依法妥当行使诉讼权利，才能及时维护其合法权益。从孙某贤等三人的诉请看，其请求确认矿产资源勘查许可证上设立的探矿权为其所有。本案当事人讼争的探矿权，其探矿权证系由内蒙古自治区国土资源厅于2006年2月13日颁发，该证记载玄某军为案涉探矿权的权利人。根据《行政许可法》第69条第2款的规定，"被许可人以欺骗、贿赂等不正当手段取得行政许可的，应当予以撤销"。孙某贤等三人认为玄某军未忠实履行委托义务，采取欺诈手段，将孙某贤等三人委托其办理的探矿权证办理在了自己名下，可以根据以上规定以利害关系人的身份向地质矿产主管部门提出撤销申请，并请求对案涉探矿权的归属依法作出处理；也可以依法提起行政诉讼，请求人民法院对地质矿产主管部门的相关具体行政行为进行司法审查。此外，若认为因玄某军采取欺诈手段造成经济损失，孙某贤等三人还可以向玄某军主张民事损害赔偿。现孙某贤直接提起民事诉讼，请求撤销玄某军的探矿权证，不符合《民事诉讼法》第119条（现为第122条）第4项规定的民事诉讼受案范围，内蒙古自治区高级人民法院裁定驳回孙某贤等三人的起诉，适用法律正确。

3. 对探矿权权属的确认应考虑司法权与行政权的边界问题

行政法调整国家行政机关在行使行政管理职能过程中与行政管理相对人的关系，也调整财产关系，但更强调的是财产关系中当事人之间的行政管理关系，体现以"法"为准绳对社会的管理，行政主体与相对人是管理与被管理的关系。依据本案查明的事实，并结合当事人的诉请，不能直接判决探矿权属于孙某贤等人所有。虽然依据《物权法》第32条"物权受到侵害的，权利人可以通过和解、调解、仲裁、诉讼等途径解决"，第33条"因物权的归属、内容发生争议的，利害关系人可以请求确认权利"，《民法通则》（已失效）第5条"公民、法人的合法民事权益受法律保护，任何组织和个人不得侵犯"的规定孙某贤等三人认为探矿权既然属于物权，属于民法调整的范围，人民法院就应将本案作为民事案件受理。但本案系对探矿权证的归属产生争议，具体说是对探矿权证的颁发是否正确存在争议，那么交由行政部门先行解决或者提起行政诉讼能更好地理顺法律关系。我国对土地、房屋等不动产纠纷采取的是登记生效原则,这里的登记是形式主义的登记。例如,依据《不动产登记暂行条例》第 14 条第 2 款第 3 项"人民法院、仲裁委员会生效的法律文书或者人民政府生效的决定等设立、变更、转让、消灭不动产权利的",即土地、房屋等不动产可以依据人民法院生效判决、裁定进行变更登记。而对于矿业权采取的是审批登记原则,非经审批,不得进行变更登记。一审、二审法院虽已查明玄某军采取欺诈的手段,将孙某贤等三人委托其办理的探矿权证办理在了自己名下,但如果人民法院直接判决探矿权证归孙某贤等三人所有,孙某贤等三人可能持人民法院的生效判决要求地质矿产主管部门更正或重新办理探矿权证,地质矿产主管部门只能依法执行人民法院的判决。这样一来,地质矿产主管部门的审批、监管职能就形同虚设了,有违《矿产资源法》的立法目的,最终后果是人民法院的判决代替了行政主管部门的行政审批权,这必然存在司法权干预行政权的问题。

第三节　矿业权出让合同

国家对矿业权出让实施管理。管理机关对矿业权出让前,应对勘查开采条件作出规定并予以公告。对探矿权应以合同方式明确规定勘查矿种与范围,以及综合勘察要求、优先依法取得采矿权、矿业权出让收益缴纳计划、法定义务等相关事宜;对采矿权应以合同方式明确开采矿种、范围、规模,以及矿产资源综合利用、矿山地质环境保护与土地复垦、矿业权出让收益缴纳计划、法定义务等相关事宜。竞得人应按照要求编制方案,履行相关手续,与管理机关签订合同,经批准后取得勘查开采许可。

一、矿业权出让合同的法律性质①

矿业权出让合同的一方主体为行政机关,合同的签订须经过审批,与此同时

① 参见杜万华主编,最高人民法院环境资源审判庭编著:《最高人民法院审理矿业权纠纷司法解释理解与适用》,中国法制出版社 2017 年版,第 48 ~50 页。

矿业权出让合同又是民事合同，因此对于矿业权出让合同的法律性质在学界和司法实践中也有不同的观点。

（一）矿业权出让合同为民事合同

第一种观点认为，基于《民法典》《矿产资源法》等规定，矿业权包括探矿权、采矿权在内，属于民事财产范畴，用益权人依法应当对探矿权和采矿权享有所有用益物权的权能。矿业权出让合同是矿业权人在矿业权一级市场上通过市场交易方式有偿取得矿业权的契约基础，也是自然资源主管部门向受让人授予矿业权、办理矿业权登记的基础法律文件。但是，尽管矿业权出让合同有浓重的行政管理色彩，它仍然是一种特殊的用益物权的设立，而且矿业权出让和矿业权转让都被原国土资源部定义为"矿业权交易"，制定了一系列交易规则，因此，将矿业权出让合同界定为民事合同，因出让合同的效力、履行、解除等问题而发生的纠纷纳入民事诉讼更为适当。另外，矿业权出让合同与土地使用权出让合同具有同质性，《国有土地使用权纠纷解释》和《民事案件案由规定》已将建设用地使用权出让合同纠纷确定为民事案件，故经过多年的审判实践，社会公众对自然资源出让合同为民事合同已经习以为常并产生了稳定的预期。

（二）矿业权出让合同为行政合同

第二种观点认为，行政协议的主要类型包括政府特许经营协议以及土地、房屋等征收征用补偿协议等。在矿业权出让过程中，政府主管部门需要对竞拍人、受让人的主题资质进行审查，并履行颁发、变更、撤销勘查许可证、采矿许可证等行政监管职责，这些均应归属到行政许可行为的范围，因此发生的纠纷也应当属于行政诉讼的管理范畴。如果用民事合同代替行政协议，应当追求的社会公共利益必将被当事人双方之间的意思自治所架空和规避，其结果极有可能导致国有资产的流失和社会公共利益的虚化。将涉及国有自然资源出让的协议纳入行政诉讼的范围，可以将出让行为与缔约行为一并审理，既可以对出让行为的合法性进行审查，同时又对协议的有效性进行审查，足以克服民事诉讼无法审查公法行为之不足。

学界对于矿业权出让合同性质上有重大分歧，最高人民法院 2017 年发布的《矿业权纠纷司法解释》未对矿业权合同作出明确界定。从司法实践来看，在

2019年之前,各地法院在受理矿业权出让合同纠纷时,对其性质有着不同的判断。

(三)典型案例:法院判断矿业权出让合同性质的标准

【典型案例】四川省英祥矿业(集团)股份有限公司探矿权纠纷案[(2018)最高法民终260号]

【基本案情】

四川省英祥矿业(集团)股份有限公司(以下简称英祥矿业公司)为开展矿业生产业务,于2005年9月通过公开拍卖依法取得了四川省峨边县金岩乡老金岩铅锌矿普查探矿权。2008年10月,经四川省国土资源厅批准提高探矿权等级为详查,扩大了探矿权范围,并取得了T513×××02016340号探矿权证。2012年,在英祥矿业公司完成《地质详查报告》《查明储量登记》《占用储量登记》后,四川省国土资源厅为英祥矿业公司划定了采矿权矿区范围,同时书面通知英祥矿业公司于2013年4月6日前办理探矿权转采矿权手续。英祥矿业公司在向四川省国土资源厅报件申请"探转采"过程中,从四川省峨边县住房和城乡规划建设局得知,四川省人民政府于1996年已将四川省峨边县金岩乡老金岩铅锌矿权所在区域设定为四川省峨边县黑竹沟风景名胜区。英祥矿业公司调取的《四川省人民政府办公厅关于增补老君山等四个风景区为第四批省级风景名胜区的通知》(川办发〔1996〕74号)也印证了这一事实。2017年7月,英祥矿业公司在参加四川省峨边县国土部门召开的会议时进一步获知,英祥矿业公司受让探矿权均在规划风景名胜区保护红线内。四川省国土资源厅根据《关于加强生态文明建设促进矿产资源绿色勘查开发的通知》(川国土资发〔2017〕54号),明确在风景名胜区不再设立矿业权后,退回了矿权保留报审文件,不再保留英祥矿业公司矿业权。2017年7月27日和8月1日,四川省峨边县国土资源局、四川省峨边县黑竹沟风景名胜区管理委员会分别向英祥矿业公司发出停工停产通知。英祥矿业公司委托四川扩信律师事务所于2017年9月5日向四川省国土资源厅发出《律师函》,要求四川省国土资源厅尽快为英祥矿业公司办理采矿权证,如无法办理则赔偿相关损失。四川省国土资源厅电话答复:采矿权证无法办理,相关补偿方案需等待四川省人民政府出台相关政策,但政策出台时间不能确定。英祥矿业公司对案涉铅锌矿详查工作已经完成,完全达到了办理采矿权证的条件，但由于四川省国土资源厅的原因无法取得采矿权证，英祥矿业公司为此提起本案诉讼，请求解除其与四川省国土资源厅因矿业权出让拍卖签订的《四川省峨边县金岩乡老金岩铅锌矿普查探矿权拍卖出让合同书》（以下简称《探矿权出让合同》），并请求四川省国土资源厅赔偿损失等。

【裁判结果】

四川省高级人民法院认为，《行政诉讼法》第 12 条第 1 款第 11 项规定，公民、法人或者其他组织认为行政机关不依法履行、未按照约定履行或者违法变更、解除政府特许经营协议、土地房屋征收补偿协议等协议的，提起的诉讼属于行政诉讼受案范围。《最高人民法院关于适用〈中华人民共和国行政诉讼法〉若干问题的解释》（已失效）第 11 条第 1 款规定，行政机关为实现公共利益或者行政管理目标，在法定职责范围内，与公民、法人或者其他组织协商订立的具有行政法上权利义务内容的协议，属于《行政诉讼法》第 12 条第 1 款第 11 项规定的行政协议。本案中，四川省国土资源厅作为出让方，与受让方英祥矿业公司于 2005 年 9 月 16 日签订的《探矿权出让合同》具有行政许可的性质，案涉协议属于行政协议，英祥矿业公司基于案涉协议提起解除合同并赔偿损失之诉，不属于民事诉讼的受案范围，本院对本案的起诉应当不予受理。

英祥矿业公司就该裁定上诉，最高人民法院认为，根据英祥矿业公司起诉的内容和所提交的初步证据，四川省国土资源厅通过拍卖程序与其签订了《探矿权出让合同》。英祥矿业公司提交的《探矿权出让合同》第 1 条载明，双方系基于平等、自愿、诚实信用的原则签订案涉合同；根据《探矿权出让合同》第 16 条，因四川省国土资源厅的过失致使英祥矿业公司未能按期取得本合同约定的探矿权或延期取得探矿权，造成英祥矿业公司的经济损失，由四川省国土资源厅依法赔偿；《探矿权出让合同》第 18 条约定，合同经双方法定代表人或其委托代理人签字和盖章后生效，案涉合同当事人双方已先后履行了签字盖章手续。依据《物权法》第 46 条、第 123 条，矿藏属于国家所有，依法取得的探矿权、采矿权等用益物权受法律保护。四川省国土资源厅就案涉矿藏的探矿权通过拍卖的方式出让，在确定中标人为英祥矿业公司后，其以出让方的身份与作为受让方的英祥矿业公司签订《探矿权出让合同》，均系其作为案涉矿藏国家所有权的代表行使权利、承担义务的表现。虽然国土资源管理部门对案涉探矿权同时兼具行政管理者的身份,但《探矿权出让合同》系基于平等、自愿、诚实信用之原则而签订,即使相关物权登记尚未办理,依《物权法》第15条,案涉合同的效力并不受影响。《矿业权纠纷司法解释》第4条第1款规定:“出让人未按照出让合同的约定移交勘查作业区或者矿区、颁发矿产资源勘查许可证或者采矿许可证,受让人请求解除出让合同的,人民法院应予支持。”现英祥矿业公司以四川省国土资源厅出让过程中存在瑕疵为由,请求解除案涉合同并要求赔偿而提起民事诉讼,一审法院不予受理并无事实依据和法律依据。裁定撤销一审裁定,指令四川省高级人民法院受理。

【案例评析】

本案同时涉及矿业权出让合同的法律性质问题与合同解除权问题。虽然《矿业权纠纷司法解释》最终并未对矿业权出让合同的法律性质作出明确的规定,以保证该解释的开放性,但在矿业权合同纠纷发生时,最高人民法院还是要对案件性质的归属作出判断。本案可以说一定程度上代表了最高人民法院在审理矿业权合同解除问题时的判断思路。四川省高级人民法院的裁判依据《行政诉讼法》规定的行政诉讼案件受理范围判断该矿业权出让合同的性质,而最高人民法院则从合同内容出发来作出判断,涉案矿业权出让合同在合同条款的表述上充分表达了双方的意思自治,且在字里行间透露出双方基于平等、自愿、诚实信用之原则而签订合同。而且,《矿业权纠纷司法解释》中明确规定了出让人与受让人行使法定解除权的情形,由此判断,英祥矿业公司提起的诉讼应为民事诉讼。

从最高人民法院的判例中我们可以得到的经验是,在矿业权出让合同的法律性质尚不明确的情况下,法院会依据具体的合同内容以及讼争事项来判断该案件的性质,即属于民事诉讼范围还是行政诉讼范围。因此矿业权的受让人在与有关机关签订矿业权出让合同时,最好尽量在合同条款中体现出双方的意思自治,法院裁判时应当依法最大限度地保持矿业权出让合同地民事合同性质,维护当事人的意思自治。另外,在发生纠纷时,受让人应当准确地判断讼争事项应当归属于民事诉讼受案范围还是行政诉讼受案范围,判断的依据主要为《民事诉讼法》《行政诉讼法》《矿业权纠纷司法解释》等,在法律检索方面尽量扩大检索范围以求定位准确。

(四)最高人民法院明确矿业权出让合同的性质

《行政诉讼法》于2014年重新修订后,最高人民法院于2019年11月27日发布了《行政协议案件规定》。根据该规定第2条第2项之规定,“矿业权出让合同”已列入行政诉讼受理范围。另根据该规定之第28条第1款“2015年5月1日后订立的行政协议发生纠纷的,适用行政诉讼法及本规定”,故此后对2015年5月1日后订立的矿业权出让合同纠纷,均按行政纠纷案件进行审理。

二、矿业权出让合同的效力问题

(一)矿业权出让合同的生效日期

《矿业权纠纷司法解释》(2020年修正)第2条规定:“县级以上自然资源主管部门作为出让人与受让人签订的矿业权出让合同,除法律、行政法规另有规定的情形外,当事人请求确认自依法成立之日起生效的,人民法院应予支持。”

根据我国《宪法》《民法典》《矿产资源法》的规定,矿产资源(矿藏)属于国家所有。矿业权出让,实质上是在国家保留矿产资源所有权的基础上,将矿产资源勘查开采的权利赋予一定的市场主体行使,是所有权和使用权的适当分离。国家对矿产资源所有权是矿业权出让的权利之源。矿业权出让作为市场经济条件下逐步实现矿产资源有偿使用的国家政策目标和建立矿业权交易市场的重大举措,属于矿业权流转的一级市场。

对于《矿业权纠纷司法解释》(2020年修正)第2条的理解,需要注意以下几点。

1. 出让主体为县级以上自然资源主管部门

《矿业权交易规则》第2条第2款规定:“矿业权出让是指国土资源主管部门根据矿业权审批权限,以招标、拍卖、挂牌、申请在先、协议等方式依法向探矿权申请人授予探矿权和以招标、拍卖、挂牌、探矿权转采矿权、协议等方式依法向采矿权申请人授予采矿权的行为。”矿业权出让的主体应当符合法律规定,签订矿业权出让协议的主体,同样的应当具有出让矿业权的资格。在我国尚未建立起完善的矿业权规范体系的时代,存在一些无出让资格的地方政府与他人签订矿业权出让协议的现象，这些行为属政府的违法行为，这些矿业权出让合同也是无效的。

2. 法律、行政法规另有规定的情形除外

《矿业权纠纷司法解释》(2020 年修正)第 2 条的“但书”的规定，是考虑到在特殊情况下国家可能会基于经济战略或环境保护需要，对某些矿产资源的开发利用作出特别规定进而影响出让合同的效力。故最高人民法院建议，在审判实践中人民法院在审查认定出让合同效力时，应考虑涉案出让的矿藏资源是否属于对国家具有战略意义的特殊矿种或者存在于自然保护区等特殊区域，法律、行政法规对该矿产资源的出让是否有特别的审批程序。此外，在当事人约定生效时间的情况下，基于一般法理，在法律、行政法规没有特别规定时，人民法院也应予尊重。[①]

3. 关于分级审批监管原则对出让合同效力的影响

我国对矿业权出让采取分级审批监管原则。审判实践中，应当对县级以上人民政府自然资源主管部门作为出让人与受让人签订矿业权出让合同是否符合分级审批监管的原则进行调查。对于上级自然资源主管部门行使下级主管部门职权签订的出让合同，原则上应当认定其效力，合同自依法成立时生效；对于下级自然资源主管部门超越其职责权限范围进行矿业权出让的情况下，根据现有规定，上级主管部门对因此颁发的勘查许可证、采矿许可证应予撤销，出让合同亦因具体出让的自然资源主管部门超越权限而应认定无效。[②]

(二)典型案例：矿业权的出让主体是否适格影响合同效力

【典型案例】傅某其与仙游县社硎乡人民政府采矿权纠纷案[(2015)闽民终字第 1535 号][③]

【基本案情】

2003 年 1 月 16 日，仙游县社硎乡人民政府(以下简称社硎乡政府)与

① 参见杜万华主编，最高人民法院环境资源审判庭编著：《最高人民法院审理矿业权纠纷司法解释理解与适用》，中国法制出版社 2017 年版，第 51 页。

② 参见杜万华主编，最高人民法院环境资源审判庭编著：《最高人民法院审理矿业权纠纷司法解释理解与适用》，中国法制出版社 2017 年版，第 52 页。

③ 参见杜万华主编，最高人民法院环境资源审判庭编著：《最高人民法院审理矿业权纠纷司法解释理解与适用》，中国法制出版社 2017 年版，第 318 ~ 320 页。

傅某其签订合同，约定由傅某其开发仙游县社硎乡塔林顶伊利石矿山。合同签订后，傅某其依约投资道路等设施并实施探矿行为。2005 年 1 月 24 日，仙游县政府批准挂牌出让案涉矿山采矿权。2007 年 7 月，仙游县政府将案涉矿山列入禁采范围。傅某其未能依法取得案涉矿山的采矿许可证。傅某其提起诉讼，请求社硎乡政府赔偿损失，并支付投资款的资金占用期间利息。

【裁判结果】

福建省莆田市中级人民法院一审查明傅某其实际投资款 1,533,561 元，判令社硎乡政府承担 50% 的赔偿责任。福建省高级人民法院二审认为：社硎乡政府明知自己无权出让辖区内矿产资源，未经有权机关审批以签订承包合同的方式将案涉矿山交由傅某其开发，所签合同应为无效。案涉矿山已被列为禁采区，不具备办理合法审批手续的可能，由此产生的法律后果应依傅某其投入资产性质分类处理，其中押金属于社硎乡政府因合同收取的保证金，应直接返还；所修公路位于社硎乡政府辖区范围，属于其获益部分，应按照实际支出折价补偿；其余投资属于履行合同受到的损失，应按照过错比例承担民事赔偿责任。遂判令社硎乡政府返还傅某其押金和修路支出费用共计 670,712 元，对傅某其 862,849 元投资损失承担 80% 的赔偿责任。

【案例评析】

矿产资源归国家所有，国家对矿产资源的勘查、开采实施严格的许可证管理制度。矿业权的出让应由县级以上自然资源主管部门根据法定权限依法进行，乡级政府并非适格的矿业权出让主体。在不拥有矿山勘查、采矿许可证的情况下，乡级政府签订合同擅自将国家所有的矿产资源交由他人勘查、开采，不仅严重侵害国家对矿产资源的所有权，造成矿业权税费流失，而且极易造成矿产资源的乱采滥挖，甚至导致环境污染、生态破坏。对此类合同应给予否定性法律评价。人民法院应在认定合同无效的前提下，区别返还财产和赔偿损失等不同责任方式，在维护矿产资源国家所有权的同时，综合考虑过错因素，保护当事人的合法利益和矿业权流转市场的交易秩序。

依据《矿产资源法》的规定，矿业权出让主体应为县级以上自然资源主管部门。乡政府擅自出让矿业权，违反法律、行政法规的强制性规定，无法产生当事人预期的法律效果。乡级政府作为行政主体，应当在权限范围内作出行政行为。

具体行政行为应当具有公定力，一经成立，不论是否合法，即具有被推定为合法而要求所有机关、组织或者个人表示尊重的一种法律效力。相对人因对行政行为的合理信赖应当予以保护。关于案涉合同被赋予否定性法律评价后法律后果的承担问题，二审法院改变一审法院关于双方过失相当的判决，认为政府一方应当承担主要的过错责任，正确揭示了本案政府违法行政行为与合同无效之间的因果关系，充分保护了因信赖政府行为而遭受损害的合同相对方的利益。既切实保障了国家利益和公共利益，又突出了现代矿业行政管理之中，政府"依法行政、越权无效"的基本理念，对实践中大量存在的不规范的矿业权出让、转让的乱象，无疑具有规制意义。

从本案中看，矿山企业与政府部门签订矿业权出让合同时，一定要遵守法律规定，与有出让权的政府部门签订出让合同。《矿业权交易规则》第 26 条规定出让人与中标人或者竞得人应当根据中标通知书或者成交确认书签订矿业权出让合同。原国土资源部登记权限的油气矿业权，由原国土资源部与中标人或者竞得人签订出让合同；原国土资源部登记权限的非油气矿业权，由省级自然资源主管部门与中标人或者竞得人签订出让合同。

三、矿业权出让合同的解除问题

矿业权出让是作为自然资源的所有权人的国家与私主体进行的交易行为，将矿产资源所有权这一民事权利中的部分权能，即占有、使用、收益的权利，通过收取一定对价让渡给受让人。矿业权作为一种用益物权，其交易应当符合民法上的平等原则与平等保护原则。就此而言，合同双方均有依法解除合同的权利。

依据《民法典》合同编上的合同解除权，只有在合同一方当事人的行为构成根本违约致使合同目的不能实现之时，另一方才享有法定解除权。《矿业权纠纷司法解释》(2020 年修正)第 4 条明确规定了矿业权出让合同双方的合同解除权，"出让人未按照出让合同的约定移交勘查作业区或者矿区、颁发矿产资源勘查许可证或者采矿许可证，受让人请求解除出让合同的，人民法院应予支持。受让人勘查开采矿产资源未达到自然资源主管部门批准的矿山地质环境保护与治理恢复方案要求，在自然资源主管部门规定的期限内拒不改正，或者因违反法律法规被吊销矿产资源勘查许可证、采矿许可证，或者未按照出让合同的约定支付矿业权出让价款，出让人请求解除出让合同的，人民法院应予支持”。从当事人订立矿业权出让合同的目的来看，作为出让人的自然资源主管部门是依法收取出让的对价，保障矿产资源合理开发利用以及开发利用过程的环境保护等；作为受让人是依法占有勘查作业区或者矿区，及时获取矿产资源勘查许可证或采矿区可证，进行勘探、开采、并获取收益。

依据《矿业权纠纷司法解释》（2020 年修正）第 4 条，矿业权合同的解除有以下三种法定情形：

1. 出让人未按照出让合同的约定移交勘查作业区或者矿区、颁发矿产资源勘查许可证或者采矿许可证

出让人若不能按照合同约定移交勘查作业区或者矿区、颁发矿产资源勘查许可证或者采矿许可证，将导致受让人无法进行勘查或者开采，更不用说是从中获得收益，而且有可能会造成损失。由此，合同目的必然无法实现。在该种情况下赋予受让人合同解除权符合法定解除权法理。通过该司法解释对权利义务的分配，可见出让人颁发矿产资源勘查许可证或采矿许可证不再仅是一种行政管理权，同时带有了民事合同义务的性质，出让人不发矿业权证将造成根本违约，受让人自可解除合同。

2. 违反地质环境保护与治理恢复等合同默示义务导致合同解除

《矿业权纠纷司法解释》第 1 条规定了人民法院对矿业权纠纷的审理原则，其中就包括促进资源节约与环境保护。矿产资源作为一项重要的自然资源，具有耗竭性和不可再生性，而且矿产资源的勘查开采具有环境负外部性，因此在个案审理中既要保障矿业权人的合法利益，促进矿产资源合理开发利用，也要注意促进资源节约与生态环境保护。李显东教授认为，过去地质环境保护与治理恢复之所以难以实现，在于治理环境的约束机制不够，现在将环境保护与治理的法定要求直接与矿业权挂钩，视为矿业权出让合同的默示条款，自然就意味着一旦矿业权人不履行环境保护或治理要求，则可能丧失矿业权，这种利益挂钩制度势必使矿业权人不得不重视环境保护和治理，客观上可达到保护环境的目的。

3. 矿业权受让人不履行矿业权出让合同的基本义务

矿业权受让人要按照合同约定缴纳矿业权出让收益，并且勘查、开采矿产资源必须遵守自然资源主管部门审查批准的勘查实施方案或者矿产资源开发利用方案,如果受让人违反法律法规被吊销矿产资源勘查许可证、采矿许可证,出让人可以向法院请求解除出让合同。

第四章　矿业权转让中的法律问题

矿业权流转是指在矿业权市场中，不同的经济主体之间发生的相互让渡探矿权与采矿权的矿业权交易活动。广义上，矿业权的流转还包括矿业权出让的一级市场，即法律规定的自然资源主管部门出让矿业权的行为，本书第四章的内容就是围绕矿业权出让展开的，矿业权只有在完成了出让之后，矿产资源才具有商品或资产的属性。在本章，矿业权流转取狭义，即已经取得探矿权、采矿权的主体在符合一定条件后，将矿业权和采矿权转让给其他主体的行为，也即矿业权流转的二级市场。

第一节　矿业权转让法律问题

一、矿业权转让法律制度

（一）矿业权转让法律制度的历史

我国的矿业权转让法律制度经历了严禁转让时期和允许转让时期。在严禁转让阶段，我国的矿业权转让法律制度并未充分认识到矿业权的财产属性，因而在立法上不认同矿业权的自由流转。1950 年颁布的《矿业暂行条例》，允许私人取得矿业权，但是禁止私人自由转让矿业权。1986 年颁布的《矿产资源法》规定矿业权不得自由买卖、出租、不得用作抵押，买卖、出租、抵押或者以其他形式转让矿产资源的要处以罚款。以上法律规定均是严格禁止矿业权转让的。这一时期，矿业权唯一的取得途径是通过国家的行政审批，取得矿业权的主体也仅限于全民所有制和集体所有制矿山企业和公民个人。[①]

随着我国迎来了改革开放,经济体制的改革不断深化,对外开放程度不断增强,矿业权转让法律制度也迎来了新的发展。1986 年颁布的《矿产资源法》渐渐地已经不能适应新的经济发展的需要,1996 年 8 月 29 日第八届全国人民代表大会常务委员会通过了《关于修改〈中华人民共和国矿产资源法〉的决定》,修订后的《矿产资源法》确立了矿业权"有偿取得、依法转让"的基本法律制度。有偿取得的制度理念,是矿业权市场化的重要举措,使国家所有的矿场资源权益在经济上得到体现,顺应了社会主义市场经济的发展。

(二)矿业权转让法律制度的现状

我国现行的矿业权转让制度主要包括转让主体、转让条件和程序以及违法转让的法律责任制度。在转让主体上,注重主体的多元性,不仅允许国内的自然人、法人或者其他经济组织参与矿业权的转让和矿业开发,也鼓励外资持有人和国内主体一起开发。在转让条件上,立法目标注重防止矿业权人倒卖牟利和规范矿业权的转让。对矿业权转让的法定情形、具体条件、转让程序及审批权限作了明确限定。按照《矿产资源法》《探矿权采矿权转让管理办法》的规定,获得探矿权和采矿权的企业,必须在对矿业进行一定的开发利用,并且达到法律规定的程度以后,才能对矿业权进行转让。在法律责任制度上,目前矿业权转让法律责任,以行政责任和刑事责任为主。负责矿产资源勘查、开采监督管理工作的国家工作人员和其他有关国家工作人员徇私舞弊、滥用职权或者玩忽职守,违反法律规定批准勘查、开采矿产资源和颁发勘查许可证、采矿许可证,或者对违法采矿行为不依法予以制止、处罚,构成犯罪的,依法追究刑事责任;不构成犯罪的,给予行政处分。[②]

矿业权转让法律制度是通过相继颁布的法律法规逐渐建立起来的。为适应社会主义市场经济体制下矿业权流转的市场需求,充分发挥矿产资源的财产属性,国务院在《矿产资源法实施细则》之外,又在 1998 年 2 月 12 日同时发布《矿产资源勘查区块登记管理办法》《矿产资源开采登记管理办法》《探矿权采矿权

① 参见王利明主编:《民法》,中国人民大学出版社 2000 年版,第 217 页。
② 参见冯军义、申升主编:《矿业权转让法律实务》,法律出版社 2016 年版,第 46 页。

转让管理办法》三个行政法规。两个登记管理办法确立了探矿权和采矿权依审批登记设立的基本原则，而转让管理办法则是为探矿权和采矿权市场化转让提供了初步的市场交易规则。此外，原国土资源部还制定了《矿业权出让转让管理暂行规定》《探矿权采矿权招标拍卖挂牌管理办法（试行）》《矿业权交易规则》等部门规章或规范性文件，对矿业权转让，尤其是市场化转让确立了更为具体的规则。但是，上述行政法规、规章或者规范性文件更多是基于行政监管的需要，矿业权的取得、转让与行政审批许可混合一起，并未做区分。①

从我国矿业权立法沿革中可以看出，我国的矿业权转让法律制度正随着改革开放的不断深入和市场经济体制的完善而不断向前发展，矿产资源的开发利用经历了一个由严格限制到逐步放开的过程，并逐步引入比较成熟的市场机制，但尚存在一定的不足。如，《矿产资源法》没有全面规定矿业权可以流转及其流转的方式，《矿业权出让转让管理暂行规定》和《矿业权交易规则》等立法层级较低，缺少上位法依据；我国矿产资源民事立法滞后，不能适应市场配置矿产资源的要求，阻碍了矿业权转让。另外，在我国矿业权的立法中，矿业权的民事调整与行政调整有失平衡。立法对矿业权民事规则设计欠缺主动性与科学性，民事义务和行政义务混同。在我国矿产资源法律责任制度中，只有行政责任和刑事责任规定，却没有对侵犯他人矿业权的民事责任的规定，导致在实践中往往以行政处罚代替民事赔偿，侵权人的民事责任不明确，矿业权人的合法权益得不到保障。矿产资源民事法律制度的欠缺，使矿业权转让处在相对不稳定的状态，市场秩序较为混乱，容易产生纠纷，影响了矿业权人合法权益的实现。我国矿业权转让法律制度的完善，还有很长一段的路要走。

二、矿业权转让的条件

《矿产资源法》第 6 条明确规定：“除按下列规定可以转让外，探矿权、采矿权不得转让：（一）探矿权人有权在划定的勘查作业区内进行规定的勘查作业，有权优先取得勘查作业区内矿产资源的采矿权。探矿权人在完成规定的最低勘

---

① 参见杜万华主编，最高人民法院环境资源审判庭编著：《最高人民法院审理矿业权纠纷司法解释理解与适用》，中国法制出版社 2017 年版，第 93～94 页。

查投入后，经依法批准，可以将探矿权转让他人。（二）已取得采矿权的矿山企业，因企业合并、分立，与他人合资、合作经营，或者因企业资产出售以及有其他变更企业资产产权的情形而需要变更采矿权主体的，经依法批准可以将采矿权转让他人采矿。前款规定的具体办法和实施步骤由国务院规定。禁止将探矿权、采矿权倒卖牟利。”结合与矿业权转让的其他相关法律法规的规定，笔者对探矿权和采矿权的转让条件做了如下整合。

（一）探矿权转让的条件

探矿权转让，是指探矿权人在完成规定的最低勘查投入后，经依法批准，将探矿权转让给其他享有合法探矿资质的法人、自然人和其他组织的行为。探矿权转让属于探矿权变更的一种形式，即探矿权主体的变更。探矿权的有偿转让意味着在国家矿业管理部门的监督下，将探矿权有偿转让。实施探矿权转让的结果是地质勘查成果的转让，由于探矿权实施的程度不同，地质成果也表现出不同的层次，表明人们对地质情况了解的深度不同。一般来说，探矿权总是在实施了一段勘查工作并取得一定地质勘查成果，甚至是在完成最后阶段的勘查后才实施转让的，这种转让就表现为储量的商品化流转。储量的商品化流转是探矿权流转的形式，其实质是探矿权在二级市场的交易行为。①

（1）探矿权人须完成最低勘查投入。

《探矿权采矿权转让管理办法》第 3 条第 1 项规定，探矿权人有权在划定的勘查作业区内进行规定的勘查作业，有权优先取得勘查作业区内矿产资源的采矿权。探矿权人在完成规定的最低勘查投入后，经依法批准，可以将探矿权转让他人。《矿产资源勘查区块登记管理办法》第 17 条规定探矿权人应当自领取勘查许可证之日起，按照下列规定完成最低勘查投入：①第一个勘查年度，每平方公里 2000 元；②第二个勘查年度，每平方公里 5000 元；③从第三个勘查年度起，每个勘查年度每平方公里 10,000 元。探矿权人当年度的勘查投入高于最低勘查投入标准的，高于的部分可以计入下一个勘查年度的勘查投入。因自然灾害等不可抗力的原因，致使勘查工作不能正常进行的，探矿权人应当自恢复正常勘查工作之日起 30 日内，向登记管理机关提交申请核减相应的最低勘查投入的报

---

① 参见冯军义、申升主编：《矿业权转让法律实务》，法律出版社 2016 年版，第 65 页。

告;登记管理机关应当自收到报告之日起 30 日内予以批复。这一条件的目的主要在于防止探矿权人倒卖探矿权牟利,因而探矿权人要符合法律规定的勘查投入才可以转让探矿权。

(2)满足一定时间条件。

《探矿权采矿权转让管理办法》第 5 条规定,转让探矿权应当具备下列条件:自颁发勘查许可证之日起满 2 年,或者在勘查作业区内发现可供进一步勘查或者开采的矿产资源……之所要求在取得勘查许可证满 2 年之后才能转让,也是为了防止探矿权人在取得探矿权证之后非法倒卖牟利。本条还有一个替代要求,即可以在勘查作业区内发现可供进一步勘查或者开采的矿产资源之后也可以转让矿业权。探矿行为是一项高风险的投资行为,这一项主要考虑到在探矿权人在探矿区域内发现可供进一步勘查或开采的矿产资源时,可能由于资金、设备、技术等原因无力进一步勘查,那么此时允许矿业权人转让矿业权是出于保护矿业权人利益和促进矿产资源市场化流通的考虑。

(3)探矿权属无争议。

探矿权属用益物权,是从国家的矿产资源所有权中分离出来的一项权利,矿产资源的勘查开发利用具有国家战略意义,因而矿产资源法律法规对矿业权的流转规定的条件相对严格,要求矿业权权属无争议,主要是为了减少交易成本,降低交易风险。

(4)按照国家有关规定已经缴纳探矿权使用费、探矿权价款。

《矿产资源勘查区块登记管理办法》第 12 条规定国家实行探矿权有偿取得的制度。探矿权使用费以勘查年度计算,逐年缴纳。探矿权使用费标准:第一个勘查年度至第三个勘查年度,每平方公里每年缴纳 100 元;从第四个勘查年度起,每平方公里每年增加 100 元,但是最高不得超过每平方公里每年 500 元。申请国家出资勘查并已经探明矿产地的区块的探矿权的,探矿权申请人除依照本办法第 12 条的规定缴纳探矿权使用费外,还应当缴纳国家出资勘查形成的探矿权价款;探矿权价款按照国家有关规定,可以一次缴纳,也可以分期缴纳。国家出资勘查形成的探矿权价款,由具有矿业权评估资质的评估机构进行评估;评估报告报登记管理机关备案。

(5)国务院地质矿产主管部门规定的其他条件。

(6)受让人应当具备资质条件。

《探矿权采矿权转让管理办法》第7条规定，探矿权或者采矿权转让的受让人，应当符合《矿产资源勘查区块登记管理办法》或者《矿产资源开采登记管理办法》规定的有关探矿权申请人或者采矿权申请人的条件。例如，《云南省探矿权采矿权管理办法》中规定，探矿权申请人取得探矿权的条件除应当具备相应的勘探资质外，还包括：①具备法人资格，但社会团体和国家机关不得作为探矿权申请人；②具备与申请勘查矿种及规模相适应的资金；③注册资金不得低于300万元，提供的银行资金证明不得低于申请项目实施方案安排的本年度勘查投入资金；在1年内申请2个以上探矿权的，其提供的银行资金证明不得低于探矿权申请项目安排的本年度勘查投入资金总和。

（二）采矿权转让的条件

采矿权转让，是指已取得采矿权的企业，因企业合并、分立，与他人合资、合作经营，或者因企业资产出售以及其他变更企业资产产权的情形而需要变更采矿权主体的，经审批管理机关依法批准将采矿权转让给他人的行为。依据《矿产资源开采登记管理办法》《探矿权采矿权转让管理办法》等规定，转让采矿权须满足的条件如下：

（1）矿山企业投入采矿生产满1年。

这一规定也是为了防止采矿权人将取得的采矿权进行转卖获利，进而炒作采矿权。如果采矿权人在取得采矿权后不投入生产就将采矿权转让出去，那么该矿业权人的行为就有炒作之嫌。但是《矿业权出让转让管理暂行规定》第44条第3款规定："采矿权申请人领取采矿许可证后，因与他人合资、合作进行采矿而设立新企业的，可不受投入采矿生产满一年的限制。"

（2）采矿权属无争议。

像探矿权一样，矿产资源是具有国家战略意义的自然资源，采矿权是从国家的矿产资源所有权中分离出来的一项权利。如果采矿权本身的权属存在争议，再进行转让，将产生极大的交易成本，不仅可能会对矿产资源的利用率造成影响，对其存在的土地资源也是一种浪费。

（3）按照国家规定已经缴纳采矿权使用费、采矿权价款、矿产资源补偿费和资源税。

按照国家有关规定已经缴纳采矿权使用费、采矿权价款、矿产资源补偿费和资源税。国家实行矿产资源有偿取得的制度。采矿权使用费,按照矿区范围的面积逐年缴纳,标准为每平方公里每年1000元。申请国家出资勘查并已经探明矿产地的采矿权的,采矿权申请人除依照《探矿权采矿权转让管理办法》第9条的规定缴纳采矿权使用费外,还应当缴纳国家出资勘查形成的采矿权价款;采矿权价款按照国家有关规定,可以一次缴纳,也可以分期缴纳。国家出资勘查形成的采矿权价款,由具有矿业权评估资质的评估机构进行评估;评估报告报登记管理机关备案。矿产资源补偿费征收是采矿权人因开采消耗属于国家所有的矿产资源而对国家的经济补偿,是矿产资源有偿开采和维护国家财产权益的重要体现。资源税是以各种应税自然资源为课税对象、为了调节资源级差收入并体现国有资源有偿使用而征收的一种税。这一规定是为了保护矿产资源国家所有权所产生的利益,在上述税费未缴清时将采矿权出让,可能会发生缴费主体不清的情况,无法保证矿产资源国家所有的利益。并且,上述税费带有浓重的公法性质,税费的缴纳成为一种公法上的义务。对法律、法规规定应当缴纳而拒不缴纳采矿权使用费、采矿权价款、矿产资源补偿费和资源税的采矿权转让申请,审批管理机关不予受理和审批。

(4)国务院地质矿产主管部门规定的其他条件。

这一条规定主要是为了防止采矿权转让审批的过程中会遇到一些意想不到的情况,是一种授权性规定,将设定条件的权力交给了国务院地质矿产主管部门。

(5)国有矿山企业在申请转让采矿权前,应当征得矿山企业主管部门的同意。

(6)受让人主体资格。

《探矿权采矿权转让管理办法》第7条规定探矿权或者采矿权转让的受让人,应当符合《矿产资源勘查区块登记管理办法》或者《矿产资源开采登记管理办法》规定的有关探矿权申请人或者采矿权申请人的条件。例如,《云南省探矿权采矿权管理办法》规定了依法取得采矿权的主体资格条件包括:(1)具备法人资格,但社会团体和国家机关不得作为采矿权申请人,自然人可以申请开采用作普通建筑材料的砂、石、粘土等小型矿山采矿权;(2)具备与开采矿种及规模相适应的资金、专业技术人员和技术设备;(3)拟建规模为大中型矿山或者申请开采储量规模为中型以上矿产地的,注册资金一般不少于5000万元或者前3年平均纳税额不低于500万元，项目资本金不得低于矿山开发利用方案或者初步设计概算投资额的35%；(4)拟建规模为小型矿山的，注册资金不得少于500万元，项目资本金不得低于矿山开发利用方案或初步设计概算投资额的50%。自然人申请开采用作普通建筑材料的砂、石、粘土等小型矿山采矿权除外。

(7)采矿权不得转让的情形。

2017年12月29日生效的《国土资源部关于完善矿产资源开采审批登记管理有关事项的通知》(已失效)第17条规定，有下列情形之一的采矿权不得办理转让变更登记：(1)采矿权部分转让变更的；(2)同一矿业权人存在重叠的矿业权单独转让变更的；(3)采矿权处于抵押备案状态且未经抵押权人同意的；(4)未按要求缴纳出让收益(价款)等费用，未完成矿山地质环境恢复治理义务的；(5)采矿权被自然资源主管部门立案查处，或法院、公安、监察等机关通知不得转让变更的。除母公司与全资子公司之间的采矿权转让变更外，以协议出让方式取得的采矿权未满10年不得转让变更，确需转让变更的，按协议出让采矿权要件要求及程序办理。

三、矿业权转让的方式

《矿业权出让转让管理暂行规定》第36条规定，矿业权转让是指矿业权人将矿业权转移的行为，包括出售、作价出资、合作、重组改制等。矿业权出租、抵押，按照矿业权转让的条件和程序进行管理，由原发证机关审查批准。

(一)出售

矿业权出售是指矿业权人依法将矿业权出卖给他人进行勘查、开采矿产资源的行为。已经取得矿业权的矿业权人可以将自己的矿业权出售，只要满足法律规定的条件。这实际上是一种矿业权的买卖行为，不同于物的买卖，矿业权的出售是用益物权的买卖，最终效果是用益物权的转移。矿业权出售时应当注意，依据《矿业权出让转让管理暂行规定》第46条规定，矿业权转让的当事人须依法签订矿业权转让合同。依转让方式的不同，转让合同可以是出售转让合同、合资转让合同或者合作转让合同。转让申请被批准之日起，转让合同生效。另外，采矿权原则上不得部分转让。

(二)作价出资

矿业权作价出资是指矿业权人引进他人资金、技术、管理等,通过签订合作合同约定权利义务,共同勘查、开采矿产资源的行为。矿业权作价出资入股顺应了物权理论的发展。传统的物权理论崇尚物的归属,强调物的所有;而现代社会则注重物的利用,推崇财产使用价值最大限度的实现。物权法从重归属到重利用的发展趋势,是生产社会化和资源利用高效化发展的必然结果,也是物权法社会化发展趋势的体现。[①] 应当注意的是矿业权作价出资后,依《公司法》规则,原矿业权人将自己的矿业权转让给了成立的公司进而享有了该公司的股权。但是该矿业权应当满足"可以依法转让"的要求,即要满足矿业权转让的条件。注册资本是公司设立之初的资产反映,随着公司的发展其资产状况是一个动态变化的过程。可以说,从公司运营之日起,其资产就不可能与资本保持一致。资本对债权人来说无非是一个静止的符号而已。公司承担责任的财产基础实际上并不是登记在册的资本,而是实际资产。于是,立法开始打破对出资标的物严格限制的规定,不断扩大出资标的物的范围。我国于 2013 年修订的《公司法》第 27 条规定股东可以用货币出资,也可以用实物、知识产权、土地使用权等可以用货币估价并可以依法转让的非货币财产作价出资;但是法律、行政法规规定不得作为出资的财产除外。《公司法》虽没有列明矿业权是否能够作为注册资本的构成要素,但从上述出资的角度来看,矿业权符合"可以用货币估价可以依法转让"的条件,亦即可以作为非货币财产出资。[②]

(三)合作勘查或开采

合作勘查或合作开采经营是指矿业权人引进他人资金、技术、管理等,通过签订合作合同约定权利义务,共同勘查、开采矿产资源的行为。《矿业权出让转让管理暂行规定》将矿业权分为法人型合作和非法人型合作,且明确规定,对于法人型的合作,合作双方需办理矿业权转让的审查批准和将矿业权变更登记至合作法人名下的手续;对于非法人型合作,仅规定合作双方在签订合作或合资合

---

① 参见薄燕娜:《矿业权作价出资入股初探》,载《中国地质大学学报(社会科学版)》2010 年第 3 期。

② 参见李晓峰:《中国矿业法律制度与操作实务》,法律出版社 2007 年版,第 24 页。

同后，应当将相应的合同向登记管理机关备案。其第 36 条规定，合作属于矿业权的转让方式。因此就存在不设立企业的合作勘查或开采是否属于矿业权转让的问题。《矿业权出让转让管理暂行规定》第 36 条将矿业权转让界定为"矿业权人将矿业权转移的行为，包括出售、作价出资、合作、重组、改制等"，可以认为，该规章的本意应当是只有合作导致矿业权转移（矿业权权属变更）的，才应当视为矿业权转让的行为。鉴于契约型合作并不设立合作企业，不存在矿业权主体的变更，不应当视为矿业权转让，合作各方也就不需要依照矿业权转让的条件和程序进行审批，自然资源部门也无须对与矿业权人合作的一方进行资格审查，合作双方仅需将合作合同向自然资源主管部门备案即可。[①]

（四）上市和重组改制

矿业权人改组成上市的股份制公司时，可将矿业权作价计入上市公司资本金，也可将矿业权转让给上市公司向社会披露，但在办理转让审批和变更登记手续前，均应委托评估矿业权，矿业权评估结果报国务院地质矿产主管部门确认。矿业股份制公司在境外上市的，可按照所上市国的规定通过境外评估机构评估矿业权，但应将评估报告向国务院地质矿产主管部门备案。重组改制和上市是指矿业权人因企业重组、改变经济体制或关联机构上市导致的矿业权转让。

（五）矿山企业合并分立

基于《公司法》上的规则，在矿山企业合并与分立的情况下会导致矿业权主体的变更。矿山企业合并会导致采矿权的转移，在矿山企业被其他企业兼并的情况下，被兼并矿山企业的采矿权转移给兼并企业，改变了采矿权主体；在矿山企业与其他企业合并的情况下，采矿权转移给了合并后新设立的企业，改变了采矿权的主体。矿山企业分立中，在一个矿山企业解散之后，分立成几个企业，矿业权会转移给其中一个企业；如果原有的矿山企业分立出新的企业，采矿权可以转让给新的企业。

出售企业资产或者变更企业产权应当履行采矿权审批制度，但并不是一切出让资产的行为都涉及行政审批，而是专指在对矿山井田资产出售时应当履行

① 参见冯军义、申升主编：《矿业权转让法律实务》，法律出版社 2016 年版，第 87 ~ 88 页。

行政审批前置程序。即便对部分井田资产出售中不涉及出售方企业主体资格的变更问题，但由于被出售的井田区块所承载的部分采矿权仍然要变更到收购方，故仍然无法改变采矿权主体"变更"的特性。如果投资者持有以矿山企业为主体所形成的上市公司股票，交易时则并不涉及矿产资源法意义上的"主体变更"或"资产出售"的法律问题，投资者只需按照股票的交易规则进行投资而无须申报审批前置程序，但在涉及对发起人股票的交易或是股票交易达到矿山企业对矿山企业资产收购的程度的，则应当履行相应的审批程序。

（六）赠与、继承、交换等形式

赠与是指矿业权人按照法律的规定将自己的矿业权无偿转让给他人的行为。继承是指矿业权人因死亡或被宣告死亡，而随之发生的按照遗嘱或法律规定进行继承的民事法律行为。继承完毕后的原矿业权人的继承人成为新的矿业权人。矿业权的互换是指矿业权人以各自拥有的勘探区域或开采区域的权利客体进行的交换。矿业权互换经济关系的实质是以物易物，是物物交换的商品经济关系。目前，我国法律没有关于矿业权赠与、继承和互换的相关法律规定。就理论而言，矿业权作为一种用益物权属于一项重要的财产权利，其完全可以赠与、继承与交换。①

四、矿业权转让审批

（一）审批机关及权限②

1. 国务院地质矿产主管部门的审批权限

国务院地质矿产主管部门负责由其审批并颁发许可证的探矿权和采矿权转让的审批工作。如果矿业权人的勘查许可证或采矿许可证是由国务院地质矿产主管部门审批并颁发的，该矿业权转让的审批工作应当由国务院地质矿产主管部门负责。

---

① 参见冯军义、申升主编：《矿业权转让法律实务》，法律出版社2016年版，第75页。

② 参见冯军义、申升主编：《矿业权转让法律实务》，法律出版社2016年版，第142～144页。

(1)国务院地质矿产主管部门负责审批探矿权转让的项目。

《矿产资源勘查区块登记管理办法》第4条规定:"勘查下列矿产资源,由国务院地质矿产主管部门审批登记,颁发勘查许可证:(一)跨省、自治区、直辖市的矿产资源;(二)领海及中国管辖的其他海域的矿产资源;(三)外商投资勘查的矿产资源;(四)本办法附录所列的矿产资源。勘查石油、天然气矿产的,经国务院指定的机关审查同意后,由国务院地质矿产主管部门登记,颁发勘查许可证。"《矿产资源勘查区块登记管理办法》附录所列由国务院地质矿产主管部门审批发证的矿种,包括煤、石油、油页岩、烃类天然气等共34种;勘查石油、天然气矿产的,经国务院指定的机关审查同意后,由国务院地质矿产主管部门登记,颁发许可证。勘查下列矿产资源,由省、自治区、直辖市人民政府地质矿产主管部门审批登记,颁发勘查许可证,并应当自发证之日起10日内,向国务院地质矿产主管部门备案:(1)本条第1款、第2款规定以外的矿产资源;(2)国务院地质矿产主管部门授权省、自治区、直辖市人民政府地质矿产主管部门审批登记的矿产资源。

因此,国务院地质矿产主管部门负责审批探矿权转让的项目:

第一,勘查作业区范围跨省、自治区、直辖市行政区域的勘查项目。

第二,领海即中国管辖的其他海域的矿产资源勘查项目。

第三,外商投资(包括中外合资、中外合作、外商独资)勘查的矿产资源勘查项目。根据国家有关外商投资法律法规的规定,我国香港、澳门、台湾等地区公民、法人或者其他组织来大陆投资,比照外商投资适用有关法律、法规或政策,因此,港澳台地区投资勘查矿产资源的项目,应当由国务院地质矿产主管部门负责审批。

第四,《矿产资源勘查区块登记管理办法》附录中所列的矿产资源勘察项目。附录中列举了34种矿产资源,包括煤、石油、油页岩、烃类天然气、二氧化碳气、煤成(层)气、地热、放射性矿产、金、银、铂、锰、铬、钴、铁、铜、铅、锌、铝、镍、钨、锡、锑、钼、稀土、磷、钾、硫、锶、金刚石、铌、钽、石棉、矿泉水。

(2)国务院地质矿产主管部门负责审批采矿权转的项目。

根据《矿产资源开采登记管理办法》第3条第1款、第2款的规定,"开采下列矿产资源,由国务院地质矿产主管部门审批登记,颁发采矿许可证:(一)国家规划矿区和对国民经济具有重要价值的矿区内的矿产资源;(二)领海及中国管辖的其他海域的矿产资源;(三)外商投资开采的矿产资源;(四)本办法附录所列的矿产资源。开采石油、天然气矿产的,经国务院指定的机关审查同意后,由国务院地质矿产主管部门登记,颁发采矿许可证”。

因此,国务院地质矿产主管部门负责审批采矿权转让的项目:

第一,转让国家规划矿区对国民经济具有重要价值矿区内的矿产资源采矿权。这些矿产资源对国家具有重要意义,由中央政府统一管理,防止政多出门,对国家利益造成损害。

第二,转让领海及中国管辖海域内的矿产资源采矿权。领海和中国管辖海域不在任何一个省级行政区范围内,任何一个省级人民政府的行政职权都不能延伸到这个范围之内,因此,只能由国务院地质矿产主管部门直接管辖。

第三,转让外商投资矿山企业开采的矿产资源采矿权。凡外商投资开采矿产资源的,不考虑矿种和规模,其转让审批权均由国务院地质矿产主管部门行使。

第四,转让《矿产资源开采登记管理办法》附录所列的矿产资源采矿权。《矿产资源开采登记管理办法》附录中列举了34种矿产资源,包括煤、石油、油页岩、烃类天然气、二氧化碳气、煤成(层)气、地热、放射性矿产、金、银、铂、锰、铬、钴、铁、铜、铅、锌、铝、镍、钨、锡、锑、钼、稀土、磷、钾、硫、锶、金刚石、铌、钽、石棉、矿泉水。

2. 省级人民政府地质矿产主管部门的审批权限

省级人民政府地质矿产主管部门负责国务院地质矿产主管部门审批以外的矿业权转让的审批工作。具体包括:

(1)由省级人民政府地质矿产主管部门审批并颁发勘查许可证或采矿许可证的矿业权转让审批,由该省级人民政府地质矿产主管部门负责审批。

(2)地(市)级、县级人民政府地质矿产主管部门审批并颁发采矿许可证的矿业权转让审批,由所辖省级人民政府地质矿产主管部门进行审批,地(市)级、县级人民政府地质矿产主管部门无权审批矿业权转让。但根据国发〔2012〕52号文件的规定,市级、县级人民政府地质矿产主管部门审批的采矿权转让审批实施机关由省级人民政府地质矿产主管部门下放调整为设区的市级、县级人民政府地质矿产主管部门。

(3)国务院地质矿产主管部门授权审批登记发证的矿业权,其转让审批工作也由被授权的机关负责。

（二）矿业权转让审查的内容

1. 探矿权转让的审查内容

根据1998年原国土资源部地质勘查司、矿产开发管理司下发的《探矿权采矿权转让审批有关问题的规定》的规定，审批管理机关对探矿权转让申请主要审查以下几个方面：

（1）转让探矿权必须同时符合《探矿权采矿权转让管理办法》第5条规定的五个条件，即“转让探矿权，应当具备下列条件：（一）自颁发勘查许可证之日起满2年，或者在勘查作业区内发现可供进一步勘查或者开采的矿产资源；（二）完成规定的最低勘查投入；（三）探矿权属无争议；（四）按照国家有关规定已经缴纳探矿权使用费、探矿权价款；（五）国务院地质矿产主管部门规定的其他条件”。

（2）在勘查作业区内发现可供进一步勘查或者开采的矿产资源：须由转让申请人提交相应的地质资料、矿产资源勘查报告或经批准的储量报告作为证明。必要时可由转让审批机关向下级地矿行政管理机关行文核实。

（3）完成最低勘查投入：须由转让申请人提交工作量清单和单位会计报表作为证明。必要时可由转让审批机关向原登记机关或下级地矿行政管理机关核实。

（4）探矿权权属无争议：须由转让审批机关向下级地矿行政管理机关核实。

（5）按照国家有关规定已经缴纳探矿权使用费、探矿权价款：转让申请人须提交付款收据或收据复印件加盖收款登记机关印章作为证明。1998年2月12日前获得探矿权的除外。

（6）转让属国家出资形成的探矿权，转让申请人须提交探矿权采矿权评估结果确认机关的评估结果确认书。转让属非国家出资的探矿权，须由转让申请人提交勘查出资证明。

（7）转让的探矿权为再次转让的，转让申请人须提交上一次转让审批文件的复印件。

（8）转让申请人与受让人草签的探矿权转让合同，应审查以下主要内容：①转让人和受让人名称、法定代表人、注册地址；②标的，即探矿权名称；③对标的具体描述。包括勘查许可证证号、发证机关、探矿权所涉及的勘查区的地理数据、勘查许可证的有效期限及工作程度等;④双方拟定的转让价格或收益分配比例;⑤履行的期限、地点和方式。买(卖)断的要明确一次或分期履行、履行的时间、结算方式等;⑥受让人对将继续履行探矿权人的义务的承诺;⑦违约责任;⑧必要的说明。

(9)按勘查登记的规定审查受让人的资质条件。

2. 采矿权转让的审查内容

根据原国土资源部《探矿权采矿权转让审批有关问题的规定》的规定,审批管理机关对探矿权转让申请主要审查以下几个方面:

(1)转让采矿权必须同时符合《探矿权采矿权转让管理办法》第6条规定的四个条件。

(2)"矿山企业投入采矿生产满1年",须由转让申请人提交矿产资源开发利用情况报告和投产以来各年(包括当年)的销售纳税单。

(3)"采矿权权属无争议",须由转让审批机关的下一级地矿行政管理机关出具证明。

(4)"按照国家有关规定已经缴纳采矿权使用费、采矿权价款",转让申请人须提交付款收据或收据复印件。

(5)"按照国家有关规定已经缴纳矿产资源补偿费和资源税",对于资源补偿费,须由转让申请人提交收费机关出具的缴费证明,对于资源税,由转让申请人出具完税证明。

(6)转让国家出资形成的矿产地的采矿权,转让申请人须提交评估结果确认机关的评估结果确认书。转让的采矿权属非国家出资的,须由转让申请人提交有关的出资证明。

(7)转让的采矿权为再次转让的,转让申请人须提交上一次转让审批文件的复印件。

(8)转让申请人与受让人草签的采矿权转让合同,应审查以下主要内容:①转让人和受让人名称、法定代表人、注册地址。②标的,即采矿权名称。③对标的的具体描述。包括采矿许可证证号、发证机关、矿区范围的坐标、采矿许可证的有效期限及开发利用情况等。④双方拟定的转让价格或收益分配比例。⑤履行的期限、地点和方式。买(卖)断的要明确一次或分期履行、履行的时间、结算方式等。⑥受让人对将继续履行采矿权人的义务的承诺。⑦受让人对继续按经审批的矿山开发利用方案进行施工、生产的承诺。⑧违约责任。⑨必要的说明。

采矿权转让申请人与受让人在转让之前,应就各有关方面做好交接工作。采矿权一经转让,受让人将行使由此权产生的一切权利和履行全部义务,包括转让之前原采矿权人应履行而未履行的义务和承担法律责任。此项应明确写入双方合同之中。

(9)按采矿登记的规定审查受让人的资质条件。

(三)矿业权行政审批的法律本质[①]

从法律性质上分析,勘查许可证、开采许可证属于行政许可的凭证,而不是物权凭证。探矿权、采矿权当属于不动产物权,依据我国《民法典》第 210 条以及第 216 条和第 217 条的规定,在不动产统一登记制度体系中,探矿权、采矿权的物权凭证应是不动产证。我国现行法律制度没有直接采用领取矿业权证书的术语,而是“领取许可证”,亦即将领取许可证自动视为矿业权的取得,有了许可证就等于有了矿业权。如《矿产资源法实施细则》第 5 条规定,勘查矿产资源,必须依法申请登记,领取勘查许可证即取得了探矿权,开采矿产资源则必须依法申请登记,领取采矿许可证即取得采矿权。特别是国务院颁布的《矿产资源勘查区块登记管理办法》第 8 条第 4 款中明确规定,探矿权申请人应当自收到通知之日起 30 日内,依照规定缴纳探矿权使用费、缴纳国家出资勘查形成的探矿权价款,办理登记手续,领取勘查许可证,才成为探矿权人。需要特别指出的是,物权的取得、变更、消灭都必须有一定的原因,该类原因无非民事法律行为和民事法律行为之外的法律事实,物权变动的原因和物权变动的结果是两个不同的法律事实,二者在生效要件、法律后果等方面有着明显的差异。矿业权的取得也是如此,在目前的制度框架下,行政许可仅是矿业权的产生原因,其结果是权利人取得矿业权。有些学者认为相对人获得行政许可即获得了矿业权,根本错误在于欠缺对物权变动原理的了解。因此,依民法典之法理,矿业权的申请人应在获

---

① 参见屈茂辉、周红星:《论矿业权转让行政审批的法律本质——兼评最高人民法院矿业权纠纷司法解释》,载《法学论坛》2019 年第 2 期。

得行政许可后再依该行政许可办理不动产登记，否则，矿业权的处分不发生物权效力。

在矿业权行政许可取得制度框架下，矿业权转让行政审批的本质就是颁发一个新的行政许可，通过行政许可制度取得的矿业权并非具备物权形式的矿业权，而是行政机关颁发给行政相对人的许可证。首先，矿业权转让审批报送文件除合同之外还包含转让申请书、受让人资质条件的证明文件、转让人具备相应的转让条件的证明、矿产资源勘查或者开采情况的报告等资料；其次，对于矿业权转让的价款，有权行政机关要么是不予审查，要么是国务院地质矿产主管部门另行确认；最后，有权行政机关在对矿业权转让进行审批时，审查的并不是合同是否合法有效等，而是按照探矿权、采矿权初次申请时的条件进行审查。因此，我国目前既存的这种矿业权转让审批制度，表面上似乎是矿业权管理部门对矿业权转让合同的审批，实质上是做出一个新的行政许可。

五、矿业权转让合同

（一）未经审批的矿业权转让合同的效力

在二级市场中，矿业主管部门仅以市场管理者的身份对矿业权人进行资质审查并对交易活动进行监督管理，其中至为重要的一环为矿业权转让合同审查批准。须经而未经行政审批的合同效力认定是民事诉讼的裁判疑难领域。

1. **效力认定裁判实践梳理**①

（1）合同无效说。持合同无效说观点者支持该观点的理由主要有两种：

一种是，将合同违法与合同无效相等同。即未经审批的矿业权转让合同违反了《探矿权采矿权转让管理办法》第 10 条第 3 款“准予转让的，转让合同自批准之日起生效”和《民法典》第 502 条“依法成立的合同，自成立时生效，但是法律另有规定或者当事人另有约定的除外。依照法律、行政法规的规定，合同应当办理批准等手续的，依照其规定。未办理批准等手续影响合同生效的，不影响合同中履行报批等义务条款以及相关条款的效力。应当办理申请批准等手续的当

---

① 参见秦鹏、祝睿：《未经行政审批之矿业权转让合同的效力认定：裁判实践与应然路径》，载《法律科学（西北政法大学学报）》2018 年第 2 期。

事人未履行义务的，对方可以请求其承担违反该义务的责任。依照法律、行政法规的规定，合同的变更、转让、解除等情形应当办理批准等手续的，适用前款规定”的规定。

另一种是，认为《探矿权采矿权转让管理办法》第10条第3款规定属于效力性强制规定，未经行政审批的矿业权转让合同违反行政法规效力性强制规定，依据《民法典》第153条“违反法律、行政法规的强制性规定”的合同无效。

(2)合同有效说。该观点支持者依据《民法典》第329条，结合《矿业权出让转让管理暂行规定》第3条规定将矿业权的法律属性界定为不动产用益物权，进而于《民法典》第215条规定：“当事人之间订立有关设立、变更、转让和消灭不动产物权的合同，除法律另有规定或者合同另有约定外，自合同成立时生效；未办理物权登记的，不影响合同效力。”《民法典》第215条强调的是“法律”，没有包括“行政法规”，国务院的《探矿权采矿权转让管理办法》不是法律，而是行政法规，因此不能以未经审批为由认定转让合同无效。按照新法优于旧法、特别法优于一般法的法律适用规则，在界定采矿权转让合同效力方面，《民法典》物权编的适用应优先于《民法典》合同编，同时《民法典》也是《探矿权采矿权转让管理办法》的上位法，故依据《民法典》物权编的规定，未经行政审批的矿业权转让合同有效。

(3)合同未生效说。支持“合同未生效说”观点的理由：认为《探矿权采矿权转让管理办法》第10条第3款的规定不属于效力性强制性规定，违反该项规定的合同并不当然无效。未经行政审批的矿业权转让合同处于成立但未生效的状态。“合同未生效说”曾是我国比较通行的同类型案件的裁判方法。

(4)合同部分有效、部分未生效说。该观点相对新颖，在第三种学说的基础上，结合报批义务合同条款具有相对独立性的理论，认为矿业权转让合同中“关于约定转让报批义务的条款”具有相对于合同中涉及“是否具备转让或受让矿业权的条件、资质、转让价款、交付方式等需要相关行政主管部门批准的条款”具有独立性。前者无须报请相关行政机关批准，故前者在合同成立时已经生效。

2. 典型案例:矿业权转让合同的报批义务具有独立性

【典型案例】陈某全与确山县团山矿业开发有限公司采矿权转让合同纠纷案①

【基本案情】

2014 年 1 月 15 日,陈某全与确山县团山矿业开发有限公司(以下简称团山公司)签订采矿权转让协议,约定团山公司将其采矿权作价 360 万元转让给陈某全,并积极配合陈某全办理采矿许可证。合同签订后,陈某全依约付清了全部款项。2014 年 2 月 15 日,团山公司委托陈某全向河南省国土资源厅办理采矿许可证延期手续,并于 2014 年 7 月 21 日办理完毕。嗣后,团山公司拒绝配合陈某全办理采矿权转让的批准、登记手续。陈某全提起诉讼,请求确认采矿权转让协议有效,由团山公司配合陈某全办理采矿权转让手续。

【裁判结果】

河南省确山县人民法院一审认为,采矿权转让协议合法有效,由陈某全办理采矿权转让相关手续。河南省驻马店市中级人民法院二审认为,陈某全与团山公司就案涉采矿权转让意思表示一致,均在转让协议上签字,该协议已成立。根据《探矿权采矿权转让管理办法》的规定,采矿权转让应报请自然资源主管部门审批,转让合同自批准之日起生效。案涉采矿权转让协议成立后,双方当事人在协议中约定的报批义务条款即具有法律效力,团山公司未依约办理报批手续,有违诚实信用原则。根据《最高人民法院关于适用〈中华人民共和国合同法〉若干问题的解释(二)》(已失效)第 8 条的规定,人民法院可根据案件具体情况和相对人的请求,判决相对人自己办理有关手续。二审法院判决采矿权转让协议成立,由陈某全办理采矿权转让相关手续。

【案例评析】

对矿业权的转让进行审批,是国家规范矿业权有序流转,实现矿产资源科学保护、合理开发的重要制度。矿业权转让合同未经自然资源主管部门批准并办理矿业权变更登记手续,不发生矿业权物权变动的效力,但应确认转让合同中的报批义务条款自合同成立时起即具有法律效力,报批义务人应依约履行。在转

---

① 参见杜万华主编,最高人民法院环境资源审判庭编著:《最高人民法院审理矿业权纠纷司法解释理解与适用》,中国法制出版社 2017 年版,第 320～322 页。

让合同不具有法定无效情形且报批义务具备履行条件的情况下,相对人有权请求报批义务人履行报批义务;人民法院依据案件事实和相对人的请求,也可以判决由相对人自行办理报批手续。允许相对人自行办理报批手续既符合诚实信用和鼓励交易的原则,也有利于衡平双方当事人的利益。

清华大学法学院崔建远教授认为,绝大多数合同自成立时生效,但有些合同因附生效条件或者始期,应于条件成就或者始期届至时发生履行的效力。亦有合同由法律、行政法规规定自行政主管部门办理完毕批准、登记等手续时生效。诉争《转让矿山协议》便属于《合同法》(已失效)第44条第2款(目前是《民法典》合同编第502条第2款)规定的以行政主管部门审核批准为生效要件的合同。此类合同经自然资源主管部门审核批准时发生法律效力,于自然资源主管部门不予批准时确定地不生效力,于自然资源主管部门尚未表态时处于尚未生效的状态。

实践中,有关矿业权转让合同效力认定,存在《民法典》物权编第215条、《民法典》合同编第502条第2款和《探矿权采矿权转让管理办法》第10条第3款规定相冲突的争议。《民法典》第215条规定的所谓物权登记,系设权登记。以设权登记为生效要件的物权变动场合,设权登记与否决定物权是否发生变动,但并不影响转让合同等引发物权变动的原因行为的效力。但并非由此可以得出所有的合同都不再适用《民法典》合同编第502条第2款的规定。作为物权变动生效要件的登记,和作为合同生效要件的行政主管部门的审核批准,是两个不同概念。《民法典》物权编第215条的规定与登记有关,却与行政主管部门的审核批准相去甚远。相较《民法典》合同编第502条第2款规定的合同特别生效要件而言,《民法典》物权编第215条只是对原因行为的一般规定,且并未从积极层面规定原因行为的生效要件,仅系从消极角度宣明物权变动所需要的登记不再是原因行为的生效要件。以自然资源主管部门审核批准为生效要件,是防止矿业权移转给缺乏资质的受让人,避免自然资源浪费,降低乃至减少矿难事故发生所必要。即使在行政管理体制改革、简政放权的背景下,仍应予以尊重。唯应注意的是,对矿业权转让合同中的报批义务的定位和定性上,应采取法定义务、先合同义务的解释路径,属于异于矿业权转让义务及相应付款义务之外的独立义务,其效力不受转让合同未经审批的影响。

(二)矿山企业股权转让合同的效力

1. 矿山企业股权转让与矿业权转让的区别

《人民司法》有文章载明这样的观点,矿业权与股权是两种不同的民事权利,矿业权转让合同与矿山企业股权转让合同的本质区别在于是否涉及矿业权主体变更。若矿山企业股权转让不导致矿业权主体的变更,则不属于矿业权转让,转让合同无须经批准生效。当事人以矿业权转让合同纠纷为由主张合同无效,不应予以支持。矿山企业股权转让与矿业权转让的区别主要在于如下方面:一是交易标的和法律后果的不同。前者的转让标的是转让方持有的探矿权和采矿权,合同生效后矿业权主体发生了变更;而后者的转让标的是股权,合同生效后矿业权主体未发生变更。二是交易主体不同。前者是受让人与矿业公司之间的交易;后者则是股权受让人与矿业公司原股东之间的交易。三是适用法律不同。前者适用的是《矿产资源法》《探矿权采矿权转让管理办法》等相关法律法规及规章,并要经过原国土资源部门审批;后者则适用《公司法》等公司相关法律法规。

2. 典型案例:不宜认定矿山企业股权转让协议未经审批无效

【典型案例】薛某懿等四人与西藏国能矿业发展有限公司、西藏龙辉矿业有限公司股权转让合同纠纷案①

【基本案情】

2013 年 7 月 12 日,西藏国能矿业发展有限公司(以下简称国能公司)与薛某懿、薛某蛟签订《合作协议》,约定薛某懿、薛某蛟将持有的矿山企业西藏龙辉矿业有限公司(以下简称龙辉公司)全部股权转让给国能公司。合作协议签订后,国能公司支付了部分款项,并对龙辉公司的资质及财务证照等进行了交接,但未办理股权转让工商变更登记手续。11 月 28 日,薛某懿、薛某蛟以龙辉公司营业执照丢失为由,申请补发,并于次日将已转让给国能公司的股权再次转让给王某生、薛某琦。国能公司提起诉讼,请求确认国能公司与薛某懿、薛某蛟签订的《合作协议》合法有效并继续履行,薛某懿、薛某蛟为其办理股权变更工商登

① 参见杜万华主编,最高人民法院环境资源审判庭编著:《最高人民法院审理矿业权纠纷司法解释理解与适用》,中国法制出版社 2017 年版,第 329 ~ 332 页。

记手续;确认薛某懿、薛某蛟与王某生、薛某琦签订的转让合同无效。薛某懿、薛某蛟反诉请求国能公司返还相关证照,并支付因《合作协议》未生效给其造成的经济损失。

【裁判结果】

西藏自治区高级人民法院一审确认《合作协议》有效,由国能公司向薛某懿、薛某蛟支付剩余股权转让价款,薛某懿、薛某蛟及龙辉公司于国能公司支付完剩余股权转让价款后配合办理股权变更工商登记手续;确认薛某懿、薛某蛟与王某生、薛某琦签订的转让合同无效。最高人民法院二审认为,《合作协议》及转让合同的性质应为股权转让,而非矿业权转让;矿山企业股权转让协议不属于法律、行政法规规定须办理批准、登记等手续才生效的合同,《合作协议》依法成立并生效。薛某懿、薛某蛟以欺诈手段和超低对价再次转让股权,王某生、薛某琦受让股权不符合善意取得条件,应为无效。《合作协议》应继续履行。二审法院判决驳回上诉,维持原判。

【案例评析】

股权与矿业权是不同的民事权利,其性质、内容及适用的法律应有所区别。矿山企业的股权属社员权,由股东享有,受《公司法》调整。矿山企业的股权转让导致股东变化,不当然导致矿业权主体变更,不构成以合法的矿山企业股权转让之形式,逃避行政监管,实现实质上非法的矿业权转让目的的,不宜认定为变相的矿业权转让,径行判令无效。若股权转让合同中同时约定了矿业权转让、矿业权人变更等实质性内容,则应根据矿业权转让的法律法规认定该部分内容的效力。

中国政法大学赵旭东教授认为,本案的典型性和代表性在于充分地反映了矿业权转让合同和矿山企业股权转让之间的特殊关联,表现了当事人在此类纠纷中最惯常的诉讼立场和主张,以及人民法院在审理此类案件中面对的法律与法理适用的冲突和纠结。

对于此类合同的性质,应该说就合同形式本身,矿业权转让合同与矿山企业股权转让合同在合同主体、合同标的甚至合同内容上都有明显的差异。就此,本案判决对股权与矿业权所做的区分和分析无疑是正确的,由此认定本案法律关系属于股权转让而非矿业权转让也是成立的。

值得注意的是,此类案件的特殊问题在于是否构成规避法律的行为,即名为股权转让、实为矿业权转让，以形式上合法的矿山企业股权转让实现实质上非法的矿业权转让。对此，客观上存在完全不同的两种意见和主张。一种意见认为，应该根据合同或者行为的形式要件确定其法律性质，只要合同的转让方是股东，合同约定的标的是股权，就应认定为股权转让，只有以矿山企业为转让方，以矿业权为约定标的时，才能认定为矿业权转让合同。另一种意见则认为，对于此类合同，不能简单地根据表面的合同形式认定其法律性质，如果事实确能表明，当事人是为了规避法律的限制或者程序要求，而通过股权转让达到其转让矿业权的目的，则属于典型的规避法律行为，应认定为矿业权转让并相应地认定其效力。至于何种情况下构成这种规避行为，可以根据当事人缔约过程中明确表达的主观意图、转让的是全部股权还是部分股权、矿业权是目标公司的全部资产还是部分资产等因素综合判断。

此类问题不仅在矿山企业股权转让中存在，在外商投资公司的股权转让、拥有土地使用权的房地产开发公司的股权转让等涉及合同强制审批和权利转让限制的合同关系中都会出现，其妥善解决有赖于国家立法的修订和完善。本案判决意见反映了个案中裁判者承认和维护矿山企业股权转让合同效力的价值判断和司法取向，既是对一种意见的充分反映和表达，也是对彻底解决上述问题的重要推动。

3. 典型案例：矿山企业股权转让与矿业权转让的区别

【典型案例】李某春等与浙江钱塘控股集团有限公司等股权转让合同纠纷上诉案［(2016)浙D6民初478号；(2017)浙民终70号］①

【裁判要旨】

矿业权与股权是两种不同的民事权利，矿业权转让合同与矿山企业股权转让合同的本质区别在于是否涉及矿业权主体的变更。若矿山企业股权转让不导致矿业权主体的变更，则不属于矿业权转让，转让合同无须经批准生效。当事人以矿业权转让纠纷为由主张合同无效，不应予以支持。

【基本案情】

原告：李某春、陈某良、王某建。

被告：浙江钱塘控股集团有限公司、安徽钱塘矿业有限公司。

① 引自《人民司法·案例》2017年第32期。

诸暨钱塘矿业公司持有诸暨青顶山铁矿的采矿权和外围探矿权。诸暨钱塘矿业公司的股东为被告浙江钱塘控股集团有限公司和被告安徽钱塘矿业有限公司。2011年5月20日,两被告作为转让方(甲方)与三原告作为受让方(乙方)签订浙江诸暨钱塘矿业投资有限公司股份转让协议书一份。该协议书载明:"甲乙双方就诸暨钱塘矿业公司股份转让事项进行了充分协商,特签订本协议。一、股权转让内容。1.注册资本金。诸暨钱塘矿业公司注册资本金3000万元,由乙方出资12,500万元收购甲方所持有的诸暨钱塘矿业公司全部股权。截至2011年4月底,诸暨钱塘矿业公司实际投入为1333.5万元,完成股权收购后,由乙方负责出资补足除甲方实际投入的注册资本,甲方与诸暨钱塘矿业公司的上述债权债务关系不再存在。2.铁、钒的采(探)矿权。诸暨青顶山铁矿的采矿权和外围探矿权已转入诸暨钱塘矿业公司名下,甲方转让诸暨钱塘矿业公司股权后,不得对铁矿再提出任何权属要求……"该股份转让协议书还对付款及时间等事项作了约定。后原告分三次共支付被告股权转让款12,100万元,另外又支付协议指定支付的璜山镇齐村经济合作社(许某平)250万元。2011年7月6日,双方办理了诸暨钱塘矿业公司相关文件资料以及电子设备、运输设备等公司资产的移交。2011年8月5日,诸暨钱塘矿业公司(寿某平)与诸暨钱塘矿业公司(陈某良)共同署名向浙江省国土资源厅提交了一份采矿权转让申请报告。该报告载明:"由于采矿权股权转让,今要求变更采矿权证法人代表,由原法人代表寿某平变更为陈某良,采矿权人名称不变。"2011年8月22日,诸暨钱塘矿业公司(寿某平)与诸暨钱塘矿业公司(陈某良)签订浙江省采矿权转让合同。2011年9月6日,浙江省国土资源厅对诸暨钱塘矿业公司提交的上述申请批复准许转让。

原告认为,被告为牟取巨大利益,以股权转让的合法形式掩盖了倒卖采矿权的非法目的,双方签订的协议名为股权转让协议,实为采矿权转让协议,协议的内容违反了法律法规的强制性规定。故起诉请求:(1)确认原告、被告双方签订的浙江诸暨钱塘矿业投资有限公司股份转让协议书无效;(2)确认浙江诸暨钱塘矿业投资有限公司(寿某平)与浙江诸暨钱塘矿业投资有限公司(陈某良)于2011年8月22日签订的浙江省采矿权转让合同无效;(3)判令二被告连带返还原告根据上述协议所支付的转让价款12,350万元;(4)判令二被告连带赔偿原告由于上述协议无效所受到的损失5101.165万元。

被告辩称:(1)原告、被告签订的股权转让协议系双方自愿,合同有效,对双方具有法律约束力。(2)原告主张本案名为股权转让实为矿业权转让,无事实和法律依据。(3)股权转让价格确定的依据主要是当时铁精粉的市场价格及诸暨青顶山铁矿储量,不存在非法牟利的主观动机。综上,请求驳回原告的诉讼请求。

【审判结果】

浙江省绍兴市中级人民法院一审经审理认为:

1. 被告转让的标的是股权还是矿业权。在涉案股权转让之前及转让之后,矿业权均登记于诸暨钱塘矿业公司名下,矿业权的主体并未随着股权的转让而发生变更。涉案股权转让协议虽约定股权转让内容包括采(探)矿权,但具体内容为:"诸暨青顶山铁矿的采矿权和外围探矿权已转入诸暨钱塘矿业公司名下,甲方转让诸暨钱塘矿业公司股权后,不得对铁矿再提出任何权属要求。"故涉案股权转让协议关于矿业权的约定,其目的系明确以下两点:第一,矿业权在签订股权转让协议之前已登记于诸暨钱塘矿业公司名下;第二,被告转让股权后不再享有矿业权。其中,第一点符合客观事实,第二点不违反法律的规定。诸暨钱塘矿业公司(寿某平)与诸暨钱塘矿业公司(陈某良)之间所签订的浙江省采矿权转让合同,虽然名为采矿权转让合同,但其实质内容仅是约定将该公司的法定代表人由寿某平变更为陈某良,并非采矿权主体的转让,采矿权在此合同签订后仍为诸暨钱塘矿业公司享有。因此,在矿业权的主体未发生变更的情况下,涉案股权转让协议转让的标的是股权而非矿业权,原告关于涉案股权转让协议实为矿业权转让合同的主张,依据不足,不予采纳。

2. 涉案股权转让协议、采矿权转让合同的效力。两份合同均经双方签章,系各自真实意思表示。因被告转让的标的是其持有的合法股权,故两份合同的内容未违反《矿产资源法》第6条关于"禁止将探矿权、采矿权倒卖牟利"之强制性规定。另外,《探矿权采矿权转让管理办法》第5条和第6条关于矿业权转让条件的规定,系矿产主管部门审批转让合同的依据,而非对转让合同效力作出评价的依据,现原告以涉案合同转让不符合上述转让条件为由主张转让合同无效,不能成立。综上,原告主张涉案两份合同无效,缺乏相应依据,法院不予支持。

3. 原告的退款及赔偿请求能否获得支持。依法成立的合同,对当事人具有法律约束力。上述两份合同签订之后,合同双方已依约履行了各自的义务。原告诉称涉案矿产开发项目的环评未经过相关审批程序而无法经营,一方面原告未提交相应证据予以证明,另一方面此点亦不能成为主张上述两份合同无效的依据。基于原告主张合同无效的请求不能成立,故原告诉请退还股权转让款并赔偿相应损失,亦缺乏基础和前提,法院不予支持。

综上,涉案股权转让协议、采矿权转让合同不存在《合同法》(已失效)第52条规定的无效情形。原告的起诉缺乏事实和法律依据,对其诉讼请求,法院不予支持。依照《合同法》第8条第2款、第44条,《民事诉讼法》第64条第1款、《最高人民法院关于民事诉讼证据的若干规定》第2条之规定,判决如下:驳回原告李某春、陈某良、王某建的全部诉讼请求。

宣判后,原告李某春、陈某良、王某建不服,向浙江省高级人民法院提起上诉。

浙江省高级人民法院经二审审理判决:驳回上诉,维持原判。

【案例评析】

本案系矿山企业的股权转让纠纷,有如下内容值得注意。

1. 矿山企业股权转让合同的认定

本案的情况完全符合矿山企业股权转让的条件,探矿权证和采矿权证始终在诸暨钱塘矿业公司名下,不存在矿业权人变更问题,国土资源部门所作的审批也只是对公司法定代表人变更的审批,而非矿业权人变更的审批。因此,双方的纠纷应当确认为股权转让纠纷。法人企业股东的有限责任、企业的人格独立及企业法人财产权与经营权控制权相分离等现代公司企业制度的基本原则不能随意突破。矿山企业股权转让与矿业权转让相区分更符合现代公司法律制度的基本精神。

2. 关于双方合同的效力问题

原告还主张双方的合同违反了《矿产资源法》第6条第3款"禁止将探矿权、采矿权倒卖牟利"之规定,以及违反了《探矿权采矿权转让管理办法》第6条第1款关于转让采矿权应当投入采矿生产满1年的规定,应属无效合同。笔者认为,本案系股权转让合同纠纷,故对于合同效力的判定应以《合同法》《公司法》等相关规定为依据,并不适用矿业权的相关法律法规。矿山企业股东的股权转让行为只要符合《公司法》等法律规定的条件,不存在《合同法》第52条关于合同无效的情形,法院应当充分尊重当事人的意思自治,认定股权转让合同的效力。至于公司与股东出现人格混同的情形,属于另一法律关系,在经依法裁判认定之前,股权转让仍有效。

那么,如果本案系矿业权转让合同纠纷,双方的合同是否应认定无效呢?笔者认为仍然不能认定无效。首先,《矿产资源法》第6条第3款规定:“禁止将探矿权、采矿权倒卖牟利”,主要是为了禁止未经批准而倒卖矿业权的行为。本案的转让行为经过了国土资源部门的审批,其价格也是根据当时的市场价格由双方协商确定,故不存在非法倒卖矿业权的行为。其次,虽然《探矿权采矿权转让管理办法》第6条规定“转让采矿权应当投入采矿生产满一年”,但该规定是相关行政主管部门对于转让采矿权进行行政管理的依据,并非效力性强制性规范。对于矿业权转让是否符合转让条件的审查属于法律和行政法规赋予行政机关的权利,是行政机关在作出行政许可时的审查事项,属于行政权的范围,司法权应当尊重行政机关的首次判断权。因此,原告主张转让合同无效的理由不能成立。

3. 体现诚实信用原则维护市场交易安全

“合同法的中心是承诺的交换”。有学者进一步提出:“契约神圣应当是契约自由的一个侧面,即如果契约是根据双方当事人的自由意志而订立的,由此产生的权利义务应当是神圣的,应当由法院保证其履行,当事人不得违反。这种神圣性来源于契约自由的反面推导。”

司法实践中,确实有当事人在合同签订后由于市场环境发生变化(包括矿产资源价格的下降、市场消化量不足、政策紧缩、利润下降等),通过主张合同无效来转移市场风险,该行为明显有违诚信原则。如果法院认定合同无效,实际上纵容了这种恶意违约行为,对合同另一方也极为不公。本案中,双方股权转让款金额巨大,原告作为支付股权转让款的买受方,对于铁矿石的市场行情应该已做了充分了解,并对于可能产生的市场风险有相应的心理预期。双方签订合同时铁矿石的价格较高,公司经营获利的可能性较大,但合同签订后铁矿石的市场价格持续下跌(从1300元/吨下降到原告起诉时的400多元/吨),此时公司开采铁矿石已无利可图甚至可能亏损。因此,原告在合同签订5年之后再提起合同无效之诉,存在将市场风险的不利后果转嫁给合同相对方的明显企图。若合同相对方在没有过错的情况下即承担不利后果,既有违诚实信用原则和公平原则,也不利于市场交易安全。因此,对原告的诉讼请求不应予以支持。

(三)建立在自然保护区内的矿产资源合作开发协议的效力

【典型案例】新疆临钢资源投资股份有限公司与四川金核矿业有限公司特殊区域合作勘查合同纠纷案[(2015)民二终字第167号][①]

【基本案情】

2011年10月10日,新疆临钢资源投资股份有限公司(以下简称临钢公司)与四川金核矿业有限公司(以下简称金核公司)签订《合作勘查开发协议》,约定:临钢公司补偿金核公司3500万元后,双方共同设立项目公司,并在符合条件时将金核公司探矿权过户至项目公司名下。2011年10月25日,临钢公司向金核公司实际支付3500万元。2013年11月22日,临钢公司以合作勘查作业区位于新疆塔什库尔干野生动物自然保护区为由通知解除合同,金核公司回函拒绝。金核公司提起诉讼,请求确认临钢公司解除合同行为无效;确认《合作勘查开发协议》有效。临钢公司反诉请求解除《合作勘查开发协议》,金核公司返还合作补偿款3500万元并赔偿损失。

【裁判结果】

新疆维吾尔自治区高级人民法院一审判决临钢公司解除合同行为无效,双方继续履行《合作勘查开发协议》,驳回临钢公司的反诉请求。最高人民法院二审认为,案涉探矿权位于新疆塔什库尔干野生动物自然保护区范围内,该自然保护区设立在先,金核公司的探矿权取得在后,基于《合作勘查开发协议》约定,双方当事人均知道或者应当知道在自然保护区内不允许进行矿产资源的勘探和开发。该协议违反了《自然保护区条例》的禁止性规定,如果认定协议有效并继续履行,将对自然环境和生态造成严重破坏,损害环境公共利益。故该协议依法应属无效,金核公司收取的3500万元合作补偿款应予返还。临钢公司主张的损失,部分由金核公司折价补偿,部分由临钢公司自行承担或者在项目公司清算时另行解决。二审法院撤销一审判决,予以改判。

【案例评析】

在自然保护区、风景名胜区、重点生态功能区、生态环境敏感区和脆弱区等

---

① 参见杜万华主编,最高人民法院环境资源审判庭编著:《最高人民法院审理矿业权纠纷司法解释理解与适用》,中国法制出版社2017年版,第334~335页。

特殊区域内，环境保护与经济发展之间的矛盾较为突出。人民法院审理、执行相关案件，要依据国家和省级国土空间主体功能区规划，充分考虑各类功能区的不同功能定位，确定不同的处理思路。对于优化开发区域尤其是重点开发区域发生的环境资源纠纷，可以更多地考虑合理利用环境容量发展经济的需要，对于限制开发和禁止开发区域，尤其是在划定生态保护红线地区发生的环境资源纠纷，则要贯彻最严格的保护措施。针对上述特殊区域签订的勘查、开采矿产资源合同，即使已经得到自然资源主管部门批准，人民法院仍应对合同效力进行特别审查，若合同违反法律、行政法规的强制性规定，损害环境公共利益的，应依法认定无效。

重庆大学法学院陈德敏教授认为，本案历经两审结案，一审与二审的裁判结果不同，分歧在于《合作勘探开发协议》效力的法律认定。一审法院认为虽然案涉矿业权位于自然保护区范围内，但并未出现《合作勘探开发协议》不能实现的情形，双方应继续履行协议。一审强调合同当事人的意思表示一致且履行协议已有2年，但忽视了合同生效的外部要件，即该协议约定的探矿权处在自然保护区内，损害的是环境公共利益。二审法院依照《自然保护区条例》的禁止性规定，判定双方当事人所签协议无效，否定了一审关于继续履行的判决。两相对比，可以看出本案二审具有以下三点示范作用：一是矿业权纠纷合同效力认定不能仅限于合同目的实现，而应依法求实衡量合同成立与生效的客体依托要件。二是注重发挥环境司法职能作用维护环境公共利益，司法应系统完整地执行环境法规，维护自然保护区管理制度的运行。三是大力发挥司法纠偏功能，并不能因矿业权合同通过了行政主管部门的批准，即直接认定其有效，对于涉及公共利益的合同效力应依职权进行审查。

二审判决结果符合生态文明建设和绿色发展的要求，具有指导意义。尤其是在生态环境敏感区等生态红线划定区内，司法裁判时应严守环境保护优先和生态红线管理制度，严禁任意改变自然生态空间用途的行为，防止不合理开发资源的行为损害生态环境。

(四)合伙采矿的合伙协议效力

【典型案例】黄某均与遵义市大林弯采矿厂、苏某昌合伙纠纷案[(2014)遵市法环民终字第20号]①

【基本案情】

大林弯采矿厂原系苏某昌的个人独资企业,于2003年7月31日办理采矿许可证、营业执照。2003年12月20日,黄某均与苏某昌签订合伙协议,约定苏某昌提供采矿许可证、营业执照等开采手续,由黄某均自行投资在现有采区内对4号井开采,自负盈亏、自行承担矿洞安全责任。嗣后,大林弯采矿厂性质虽由个人独资企业变更为合伙企业,合伙人亦多次发生变更。但黄某均一直以大林弯采矿厂的采矿许可证、营业执照从事4号井的开采活动,并交纳办证费、资料费、治安费等共计108,120元。2008年8月1日,大林弯采矿厂因违法转让采矿权被自然资源主管部门处罚。2009年6月8日,大林弯采矿厂因无安全生产许可证被安全生产监督管理部门责令停止开采、限期整改。大林弯采矿厂未对4号井进行技改,致黄某均不能继续开采。黄某均提起诉讼,请求判令大林弯采矿厂赔偿损失220万元。

【裁判结果】

遵义市红花岗区人民法院一审判决驳回黄某均的诉讼请求。贵州省遵义市中级人民法院二审认为,黄某均与苏某昌签订合伙协议,在大林弯采矿厂采矿许可开采区域内独立从事采矿活动,未到相关行政主管部门进行审批和变更登记,违反国家关于矿产资源开发利用和保护的审批规定,损害国家关于矿产资源的管理秩序。大林弯采矿厂变更登记为合伙企业后,也未将黄某均登记为合伙人。上述行为实为挂靠采矿,合伙协议应为无效,大林弯采矿厂对此具有较大过错。二审法院判决大林弯采矿厂赔偿黄某均损失136,620元。

【案例评析】

矿产资源具有不可再生性。为保护和合理开发矿产资源,取得采矿许可证的企业必须严格执行矿产资源开发利用的法律法规。矿业权人与他人签订合伙

---

① 参见杜万华主编,最高人民法院环境资源审判庭编著:《最高人民法院审理矿业权纠纷司法解释理解与适用》,中国法制出版社2017年版,第332~334页。

协议，但并无实际合伙经营的事实，实施采矿行为一方缴纳挂靠费用，以矿业权人名义自行投资、自负盈亏、自担责任，独立从事矿产资源开采，以达到逃避行政监管的非法目的的，合伙协议应认定无效。矿业权人受到行政处罚，不影响其承担民事责任。人民法院在厘清当事人过错的基础上，根据过错大小确定各方当事人的民事责任，对规范矿业权人依法行使采矿权，维护矿产资源流转秩序具有积极意义。

湖北得伟君尚律师事务所律师蔡学恩认为，首先，两审法院均明确了矿业权人与他人签订的合伙协议是无效的。本案中，矿业权人与他人签订合伙协议，允许他人在其名下采矿许可开采区域内独自从事采矿活动，但未依法办理审批及变更登记，违反了国家关于矿产资源开发利用和保护的审批规定。人民法院依据《合同法》第 52 条规定，认定该合同协议无效，否定了矿业权人企图通过合伙形式非法转让采矿权的行为，依法保护了国家关于矿产资源的管理秩序。其次，人民法院认定合伙协议无效后，根据《合同法》第 58 条规定，按照当事人双方各自过错程度，进一步明确双方应当各自承担的责任。采矿权人以承包方式变相转让采矿权的行为，违反了《矿产资源法》等法律法规的强制性规定，应当承担与其过错相应的责任。

当前，一些矿山企业以各种形式（包括租赁、合作、合伙等形式）无证开采矿产资源的活动依然大量存在。国家对矿产资源开采开发活动规定了严格的审批和备案程序，一方面，审判实践中应该严格认定和把握非法转让采矿权损害国家利益的情形；另一方面，应该在厘清个案具体案情和事实的基础上，认定矿业权人和他人的合作协议的效力和性质。

第二节　矿业权抵押法律问题

一、矿业权抵押概述

（一）矿业权抵押的概念

矿业权抵押是指矿业权人依照有关法律法规的规定，作为债务人以其所拥有的矿业权在不转移占有的前提下，向债权人提供担保的行为。矿业权抵押是矿业权流转的重要形式。在产业经济中，矿山企业为了自己的生存和发展，会采用矿业权抵押的方式来获得资金，满足自身的融资需求。在民国时期就已经建立了采矿权抵押制度，民国政府为了优化采矿权抵押秩序，满足采矿权人的融资需求，肯定采矿权人的财产权利，制定了采矿权抵押制度。此制度于《矿业暂行条例》和《中华民国矿业法》中予以明确规定。其制度设计包括担保方式重在保障抵押权人利益、生效条件必须被主管部门核准、实现途径为仍视为被取消或自行废业的矿业权存在等。有学者就对民国时期的采矿权抵押制度进行研究，以期为当前采矿权抵押制度的完善提供借鉴，并提出了以下建议：提高采矿权抵押制度的法律位阶，提高采矿权抵押生效的高效性与灵活性，延长抵押的采矿权存续期间，实行集合财产抵押制度担保抵押权人之债权等。①

矿业权抵押法律关系主要包括以下内容：抵押人完成一定的工作量，因法定事由出现而需要抵押矿业权；采矿权抵押时，其矿区范围内的采矿设施随之抵押；非用于抵押贷款时，抵押权人需具备一定的资质条件；签订抵押合同，并报审批登记；不允许重复设立抵押权。矿业权抵押对于抵押权人的资质法律并无特殊限制，除对抵押人有一定的条件限制外，仅是规定要按照矿业权转让的条件和程序进行管理，也即抵押物应当符合《探矿权采矿权转让管理办法》第 5 条和第 6 条规定的转让条件方可进行抵押登记。除此之外矿业权抵押还应当符合《民法典》第二编“物权”第四分编“担保物权”的相关规定，矿业权许可证在有效期内，矿业权权属无争议以及法律法规规定的其他条件；债权人要求抵押人提供抵押物价值的，抵押人应当委托评估机构评估抵押物。矿业权抵押属于要式法律行为，应予公示，由原发证机关审查批准。因此，在设定抵押物时，矿业权人应当持抵押合同和矿业权许可证及相关材料到原发证机关办理抵押手续。经过对矿业权抵押申请材料的审查和审批程序后，准予备案的，出具备案证明；不予备案的，向申请人予以复函，并告知理由。根据《矿产资源法实施细则》第 42 条第 4 项的规定，若非法用矿业权作抵押的，将面临抵押合同无效和 5000 元以下罚款的行政责任。②

① 参见骆云：《民国时期采矿权抵押制度及其当代价值》，载《中国矿业》2018 年第 11 期。
② 参见冯军义、申升主编：《矿业权转让法律实务》，法律出版社 2016 年版，第 170 页。

（二）矿业权抵押的办理①

1. 办理矿业权抵押的申报材料

根据《矿业权出让转让管理暂行规定》的相关规定及自然资源主管部门的操作实务，办理矿业权抵押备案应当申报以下材料：（1）矿业权抵押备案申请书；（2）上年度经年审的工商营业执照；（3）矿业权许可证正、副本；（4）有关地质矿产主管部门出具的矿业权权属无争议证明；（5）抵押权人与抵押人签订的《抵押合同》；（6）抵押权人与抵押人签订的《不动产抵押清单》；（7）借款人与贷款人签订的《借款合同》；（8）抵押矿业权人按照规定缴纳矿业权使用费及矿业权价款的证明材料；（9）矿业权资产补偿费、资源税缴纳情况的证明材料；（10）国家出资形成的矿业权需有国务院地质矿产主管部门会同国务院国有资产管理部门认定的评估机构的证明材料；（11）国有矿山抵押的，出具矿山企业主管部门同意抵押的文件；中外合资、合作企业及外商独资企业需提交董事会会议通过的文件；有限责任公司和股份公司，需提交董事会或股东会决议通过的文件；集体所有制企业，需提交职工代表大会决议通过的文件；（12）备案部门认为必要的其他材料。

2. 办理矿业权抵押的备案程序

办理矿业权抵押登记应当履行以下程序：（1）矿业权抵押当事人必须同时到场办理抵押备案；任何一方不能到场，须提交公证后的委托书，委托他人代办。（2）提交抵押备案所需要的资料及电子报件。（3）审核资料。经过对矿业权抵押申请材料的审查和审批程序后，准予备案的，出具备案证明；不准予备案的，向申请人予以复函，并告知理由。（4）审批备案，在矿业权许可证正、副本上标注“已抵押”字样，做他项权利记载，最后开具矿业权抵押登记备案证明书。

二、矿业权抵押合同的效力

（一）司法解释的规定

《矿业权纠纷司法解释》（2020 年修正）第 14 条规定：“矿业权人为担保自

---

① 参见杜万华主编，最高人民法院环境资源审判庭编著：《最高人民法院审理矿业权纠纷司法解释理解与适用》，中国法制出版社 2017 年版，第 175～176 页。

己或他人债务的履行，将矿业权抵押给债权人的，抵押合同自依法成立之日起生效，但法律、行政法规规定不得抵押的除外。当事人仅以未经主管部门批准或登记、备案为由请求确认抵押合同无效的，人民法院不予支持。"这一条遵循了《民法典》第215条关于合同效力与不动产物权变动相区分的规定，在民法学中也称为物权变动与其原因关系的区分原则。抵押合同成立和生效与否应依据《民法典》合同编来判断，民法将这种合同看作物权变动的原因行为。设立抵押权的合同和抵押权的设立本身两者是应当区分的概念，除非法律特别规定，抵押合同一经成立只要不违反法律、行政法规的强制性规定和社会公共利益，就可以发生效力。合同只是当事人之间的一种合意，并不必然与登记联系在一起。登记是与物权的变动联系在一起的，是针对物权变动所采取的一种公示方法，如果当事人之间仅就物权的变动达成合意。而没有办理登记，并不影响合同的效力。例如，双方当事人订立了房屋买卖合同之后，合同已经生效，并未办理房屋登记手续并不影响合同本身的效力，但是房屋所有权不能发生转移，违约方仍然需要承担违约责任。①

（二）典型案例：未经登记抵押权的抵押权人不享有优先受偿权

【典型案例】中信银行股份有限公司太原分行与山西普大煤业集团有限公司、铜川市耀州区照金矿业有限公司等借款合同纠纷案[（2018）晋民初22号]

【基本案情】

2015年12月31日，被告山阴芍药花公司（以下简称芍药花公司）与原告中信银行股份有限公司太原分行（以下简称中信太原分行）签订2015并银抵字第0017号《抵押合同》，抵押人以其采矿权（采矿权证号：××××××），为2015并银流贷字第0246号《人民币流动资金贷款合同》项下的债务，提供抵押担保。其中合同第12.1条、第12.1.1条约定："在本合同有效期内，发生下列情形之一，乙方有权立即行使抵押权：主合同债务履行期限届满（含提前到期）而乙方未受清偿的，或主合同债务人违反主合同其他约定的。"现被告芍药花公司不履行还款义务，原告中信太原分行起诉请求实现抵押权，对该采矿权拍卖、变卖所

① 参见杜万华主编，最高人民法院环境资源审判庭编著：《最高人民法院审理矿业权纠纷司法解释理解与适用》，中国法制出版社2017年版，第205页。

得价款优先受偿。

【裁判结果】

判令被告芍药花公司以其抵押的采矿权(采矿权证号××××××)折价、变卖或拍卖所得价款清偿原告中信太原分行的被担保债权。

【案例评析】

原告与被告芍药花公司签订的《抵押合同》是双方的真实意思表示,不违反法律法规的有关规定,根据《矿业权纠纷司法解释》第14条的规定,该抵押合同自成立之日生效;同时,依据《民法典》第209条及《矿业权纠纷司法解释》第15条的规定,矿业权作为不动产物权,其设立应自登记时发生效力,案涉采矿权未进行抵押登记,故案涉抵押权并未生效。因双方的抵押合同有效,芍药花公司应当按合同约定以其抵押的采矿权折价、变卖或拍卖所得价款清偿原告中信太原分行的上述债权,但原告中信太原分行不享有优先受偿权。

(三)典型案例:采矿权抵押未经备案不影响抵押合同效力

【典型案例】重庆同发煤炭销售有限责任公司与重庆市夔州融资担保有限公司抵押权纠纷案[(2015)渝二中法民终第2170号][①]

【裁判要旨】

采矿权抵押登记的具体方式是向原发证机关申请办理抵押备案。矿业行政主管部门依申请办理抵押备案的行为属于行政确认行为而非行政审批行为。采矿权抵押合同不属法律、行政法规规定需经审批或登记才生效的合同,履行未经备案的采矿权抵押合同亦不损害国家利益、社会公共利益或他人合法权益。因此,采矿权抵押未经备案的,如不具备其他导致合同成立而未生效或者合同无效的事由,采矿权抵押合同应自成立时生效。

【基本案情】

上诉人(原审被告):重庆同发煤炭销售有限责任公司(以下简称同发公司)。

被上诉人(原审原告):重庆市夔州融资担保有限公司(以下简称夔州公司)。

2014年6月26日,同发公司与重庆三峡银行股份有限公司奉节支行(以下简称三峡银行奉节支行)签订金额为300万元的借款合同,借款期限为12个月。

---

① 引自《人民司法·案例》2016年第23期。

夔州公司与三峡银行奉节支行签订保证合同，约定由夔州公司为同发公司提供连带责任保证。同日，同发公司与夔州公司签订反担保抵押合同并约定：同发公司将其位于奉节县大树镇面积为2.3637平方公里的采矿权抵押给夔州公司作为反担保（采矿许可证号C5000002009041130019×××）；同发公司在反担保抵押合同签订之日起15个工作日内负责办理采矿权抵押登记并承担登记费用。反担保抵押合同签订后，同发公司一直未办理抵押登记。2015年7月29日，夔州公司诉至法院。

夔州公司诉称：反担保抵押合同是双方真实意思表示，内容不违反法律规定，同发公司应当履行办理采矿权抵押登记的合同义务。同发公司拒绝办理采矿权抵押登记的行为属违约行为且损害夔州公司利益，请求判令同发公司立即为夔州公司办理采矿权抵押登记。

同发公司辩称：本案反担保抵押合同系双方真实意思表示，但尚未办理采矿权抵押登记，该合同仅成立而未生效，不具有履行效力。同发公司应承担的法律责任是赔偿损失的缔约过失责任，而不是继续履行的违约责任。请求驳回夔州公司的诉讼请求。

【审判结果】

重庆市奉节县人民法院经审理认为：采矿权系财产权，适用不动产法律法规的调整原则，可以进行出售、作价出资、合作、出租或抵押。根据《物权法》第15条之规定，当事人之间订立有关设立、变更、转让和消灭不动产物权的合同，除法律另有规定或者合同另有约定外，自合同成立时生效；未办理物权登记的，不影响合同效力。同发公司就其享有的采矿权与夔州公司签订的反担保抵押合同，尽管尚未办理物权登记，但该合同系当事人真实意思表示，不违反法律法规的强制性规定，应当具有法律效力，只是尚未产生采矿权抵押担保的物权效力。双方签订的反担保抵押合同约定，同发公司应在合同签订之日起15个工作日内依法办理采矿权抵押登记，并承担相关登记费用，且涉案采矿权尚在有效期内，故反担保抵押合同关于采矿权抵押的内容对合同当事人具有法律拘束力，同发公司应当按照约定及时办理采矿权抵押登记，从而产生采矿权抵押登记的物权效力。在夔州公司申请实现采矿权抵押权时，执行法院或其他合法机构可对采矿权依法进行处置，待采矿权转让给符合法律规定资质条件的主体后，再从处置的采矿权所得中依法受偿。

据此,依照《合同法》第8条、第60条第1款、第107条,《物权法》第15条之规定,奉节县人民法院判决:同发公司于本判决生效后立即就其享有的位于奉节县大树镇矿区面积为2.3637平方公里的采矿权(采矿许可证号C5000002009041130019×××)办理抵押权人为夔州公司的抵押登记(由同发公司承担相关登记费用)。

宣判后,同发公司不服一审判决,提起上诉。

重庆市第二中级人民法院经审理后判决驳回上诉,维持原判。

【案例评析】

本案争议焦点是采矿权抵押未经登记是否影响采矿权抵押合同的效力。矿业权存在不同于普通民事权利的特殊性,现行法律和行政法规均未对采矿权抵押以及采矿权抵押合同效力作出相应规定,相关规章的规定又存在矛盾和冲突,故采矿权抵押未经登记是否影响抵押合同效力的问题,实务中存在分歧。第一种观点认为,原国土资源部《矿业权出让转让管理暂行规定》第36条第2款规定:"矿业权的出租、抵押,按照矿业权转让的条件和程序进行管理,由原发证机关审查批准。"因此,矿业权抵押按照矿业权转让的程序进行管理。矿业权转让须经审批,矿业权抵押亦须审批,故采矿权抵押合同属于经批准或登记后才生效的合同,未经登记的,该合同仅成立而未生效。第二种观点认为,《矿业权出让转让管理暂行规定》第36条第2款的确规定了矿业权抵押按照矿业权转让的程序进行管理,但该规定第57条同时规定以矿业权设定抵押时由矿业权人持抵押合同和矿业权许可证到原发证机关办理备案手续。根据合同效力的判断规则、采矿权抵押登记的具体方式以及行政主管部门登记行为的法律性质等综合分析,采矿权抵押合同不属经批准或登记后才生效的合同,采矿权抵押未经登记或备案的,不影响抵押合同的效力。

三、抵押权的实现

《矿业权纠纷司法解释》(2020年修正)第16条规定,债务人不履行到期债务或者发生当事人约定的实现抵押权的情形,抵押权人依据《民事诉讼法》第196条、第197条,即《民事诉讼法》(2021年修正)第203条、第204条规定申请实现抵押权的,人民法院可以拍卖、变卖矿业权或者裁定以矿业权抵债,但矿业权竞买人、受让人应具备相应的资质条件。

（一）实现抵押权适用的法律

由于矿业权在《民法典》中被定性为用益物权，且适用不动产法律法规的调整原则，故在其上设定抵押权应属不动产抵押，原则上应适用《民法典》《民事诉讼法》中关于抵押权实现的一般规定。考虑到《民法典》《民事诉讼法》对抵押权实现制度的修改完善均以简化相关手续，完成担保物权实现程序的非诉化改造为目的，符合矿业权抵押权实现所追求的高效便捷的目标，故从规范目的来看，其也应以《民法典》物权编第 410 条及《民事诉讼法》（2021 年修正）第 203 条、第 204 条等为依据。《民法典》物权编第 410 条规定，债务人不履行到期债务或发生当事人约定的实现抵押权的情形，抵押权人可以与抵押人协议以抵押财产折价或者拍卖变卖该抵押财产所得的价款优先受偿。协议损害其他债权人利益的，其他债权人可以在知道或应当知道撤销事由之日起 1 年内请求人民法院撤销该协议。抵押权人与抵押人未能就抵押权实现方式达成协议的，抵押权人可以请求人民法院拍卖、变卖抵押财产。抵押财产折价或者变卖的，应当参照市场价格。据此，矿业权抵押权的实现也包括当事人协议和通过司法程序两种路径，属于当事人自救和司法保护主义的结合。但是因为矿业权作为抵押物价值巨大，法律关系复杂，当事人利益冲突严重，往往在实现抵押权时引发诉讼，且在抵押财产不转移占有的情形下，矿业权人配合抵押权人实现抵押权的意愿较低，所以实践中通过协议实现抵押权的情形并不多见，抵押权人大多需要司法程序来实现优先受偿权。需要注意的是，《民法典》物权编规定的司法程序与《民法典》第 410 条第 2 款规定的“抵押权人与抵押人未就抵押权实现方式达成协议的，抵押权人可以请求人民法院拍卖、变卖抵押财产”不同，后者要经过冗长而琐细的起诉、应诉、开庭、答辩的诉讼过程等，抵押权实现的成本高、效率低；前者是非诉讼程序，无须经过诉讼全过程，法院通过对抵押登记等证据的形式审查，即可裁判实现抵押权，包括允许强制拍卖、变卖抵押财产，非诉讼成本低、效率高，充分保护抵押权人的利益。但是，由于原《民事诉讼法》未能明确抵押权人申请司法救济的依据和具体程序，程序法和实体法未能实现同步连接，担保合同或担保物本身不能作为执行依据，导致实践中抵押权人仍然只能通过诉讼方式以公力救济实现自身利益。基于此，2012 年《民事诉讼法》修改时，在特别程序中专设一节规定“实现担保物权案件”,对担保物权实现的案件申请与管辖(第196条),裁定与执行(第197条)作了具体规定,《民事诉讼法解释》第361条至第373条又进行了细化和补充。根据上述规定,抵押权人可持申请书、主合同、担保合同、矿业权抵押登记或备案证明、证明实现抵押权的条件成就的说明等书面材料,向矿山所在地或抵押权登记、备案地的基层法院申请实现抵押权,若法院依法审查后作出准许拍卖、变卖抵押矿业权的裁定,抵押权人即可以此为依据申请强制执行。①

(二)抵押权实现中司法权与行政权的协调

在抵押权实现过程中,司法权和行政权的协调应当引起注意。由于我国的矿业法律、法规、部门规章对矿业权的转让有严格的条件限制,同时对矿业权的受让人有资质要求,人民法院在涉及矿业权作为抵押物的诉讼或执行程序中,应当将所涉及的诉讼各方当事人、涉讼的矿业权等情况向主管的自然资源主管部门进行通报,并以司法征询函的形式征询其关于涉讼的矿业权是否具备可转让条件,以及矿业权的受让人是否具备相应的资质的意见。

在人民法院拟对矿业权裁定以物抵债、变卖或拍卖前,应当请自然资源主管部门对矿业权的转让出具审批意见,以免发生人民法院的判决或裁定生效后无法得到行政机关认可或执行的尴尬情形,从而既有损于人民法院的司法权威,也有损于自然资源主管部门的行政权威。此外,在矿业权拍卖前,首先应委托具有相应矿业权评估资质的评估机构对矿业权价值进行评估,以合理确定拍卖底价。人民法院在审理矿业权抵押案件中涉及矿业权抵押权的实现时,应当注意由于矿业权的流转要受自然资源主管部门的管制,所以应划清民事法律关系与行政法律关系的界限,处理好司法权与行政权的关系。②

---

① 参见杜万华主编,最高人民法院环境资源审判庭编著:《最高人民法院审理矿业权纠纷司法解释理解与适用》,中国法制出版社2017年版,第223~224页。

② 参见李显冬主编,张文可、王志良、刘志强副主编:《矿业权司法解释案例疏议》,人民出版社2017年版,第185页。

第三节　矿业权出租法律问题

一、矿业权出租概述

（一）矿业权出租的概念

矿业权出租是指矿业权人将矿业权连同勘探设备或开采设备以及附属财产租赁给他人使用，由承租人向出租人支付租金的行为。因此，矿业权的出租反映的是出租人与承租人之间的租赁关系。① 一般情况下矿业权出租是指采矿权出租。从本质上讲，探矿权的性质不适合出租。我们知道，无论是动产、不动产，还是权利出租，目的都在于用益，使其满足人们的某种现实需要；探矿权取得后通过对地质情况的研究而获得的地址信息成果，在未转化为采矿权之前，是不具备现实用益性的；要想达到使用该探矿权的目的，合法途径不外乎受让和联合勘探。探矿权不具备现实用益的权利属性，以及出租这种市场法律形式的本质要求，都决定了探矿权不适合出租。因此，通常情况下，矿业权出租仅指采矿权出租。②

（二）矿业权出租的条件和办理

依据《矿业权出让转让管理暂行规定》，矿业权出租应当符合国务院规定的矿业权转让的条件，即(1)矿山企业投入采矿生产满1年；(2)采矿权属无争议；(3)按照国家有关规定已经缴纳采矿权使用费、采矿权价款、矿产资源补偿费和资源税；(4)国务院地质矿产主管部门规定的其他条件；(5)国有矿山企业在申请转让采矿权前，应当征得矿山企业主管部门的同意。矿业权人在矿业权出租期间继续履行矿业权人法定的义务并承担法律责任。出租国家出资勘查形成的采矿权的，应按照采矿权转让的规定进行评估、确认，采矿权价款按有关规定进

① 参见孙宏涛、田强：《论矿业权的流转》，载《中国矿业大学学报（社会科学版）》2005年第3期。

② 参见冯军义、申升主编：《矿业权转让法律实务》，法律出版社2016年版，第154页。

行处置。已出租的采矿权不得出售、合资、合作、上市和设定抵押。

矿业权人申请出租矿业权时应向登记管理机关提交以下材料：(1)出租申请书；(2)许可证复印件；(3)矿业权租赁合同书；(4)承租人的资质条件证明或营业执照；(5)登记管理机关要求提交的其他有关资料。

矿业权租赁合同应包括以下主要内容：(1)出租人、承租人的名称、法定代表人的姓名、注册地址或住所；(2)租赁矿业权的名称、许可证号、发证机关、有效期、矿业权范围坐标、面积、矿种；(3)租赁期限、用途；(4)租金数额、交纳方式；(5)租赁双方的权利和义务；(6)合同生效期限；(7)争议解决方式；(8)违约责任。

矿业权承租人不得再行转租矿业权。采矿权的承租人在开采过程中，需要改变开采方式和主矿种的，必须由出租人报经登记管理机关批准并办理变更登记手续。矿业权人被依法吊销许可证时，由此产生的后果由责任方承担。

二、矿业权出租合同的效力

(一)根据合同实质内容认定其法律效力

《矿业权纠纷司法解释》(2020 年修正)第 12 条规定："当事人请求确认矿业权租赁、承包合同自依法成立之日起生效的，人民法院应予支持。矿业权租赁、承包合同约定矿业权人仅收取租金、承包费，放弃矿山管理，不履行安全生产、生态环境修复等法定义务，不承担相应法律责任的，人民法院应依法认定合同无效。"

在实践中存在许多名为出租实为转让的矿业权出租合同，如何鉴别合同内容和判断合同效力是审判实践的一大问题。

如果矿业权主体发生了变更，就属于矿业权的转让而不是矿业权出租。由于矿业权出租与矿业权转让的法律规制不同，法院应当仔细核定当事人签订的合同性质，合同性质不应拘泥于名称而应基于合同的实质。①

最高人民法院环境资源审判庭对"名为租赁、承包，实为转让矿业权"的合

① 参见李显冬主编，张文可、王志良、刘志强副主编：《矿业权司法解释案例疏议》，人民出版社 2017 年版，第 133 页。

同的效力认定问题给出的态度:首先,应全面理解“名为租赁、承包,实为转让矿业权”的主要特征。人民法院在处理矿业权租赁、承包案件中,应遵循矿业权租赁、承包合同自依法成立之日起即生效的一般原则,只是对于以租赁、承包形式擅自转让矿业权,构成实质性转让的合同才给予否定性评价。《矿业权纠纷司法解释》(2020年修正)第12条中列明了合同约定的矿业权人具备的四种情形:(1)仅收取租金、承包费;(2)放弃矿山管理;(3)不履行安全生产、生态环境修复等法定义务;(4)不承担相应法律责任。在没有特别规定的情况下,原则上须同时具备上述四种情形时,才可以认定构成以租赁、承包形式的实质矿业权转让,不能仅以其中之一两种情形即认定构成“名为租赁承包、实为转让矿业权”。此种处理,实质上为实质矿业权转让合同无效设置了较高认定标准,避免动辄无效的合同认定干扰、影响交易安全和交易秩序,这也符合在市场交易过程中尽可能维持合同效力的司法理念。其次,应注意合同约定与履行不一致的情况。人民法院经审查确认实际履行内容符合本解释所规定的关于以租赁、承包形式擅自转让矿业权的四种情形,可视为当事人以实际行为变更了原合同约定的内容,并据此认定合同效力。此外,在具体的矿业权纠纷中,其他案件事实,如出租、承包的期限,出租、承包的矿区范围等亦可作为认定案涉矿业权流转是否构成实质矿业权转让的参考因素。最后,关于矿业权出租审批对合同效力认定的影响。根据原国土资源部《矿业权出让转让管理暂行规定》第36条第2款“矿业权的出租、抵押,按照矿业权转让的条件和程序进行管理,由原发证机关审查批准”的规定,矿业权出租被按照矿业权转让进行管理,要求经颁发许可证的自然资源主管部门审查批准。但是,由于矿业权出租与矿业权转让并不具有同质性,二者具有明显的区别,除符合本条解释第2款规定的情形可认定为实质的矿业权转让外,正常的矿业权出租不宜与矿业权转让完全同等对待;而且《矿业权出让转让管理暂行规定》仅是原国土资源部颁发的规范性文件,根据《行政许可法》的规定,除法律、行政法规、地方性法规、规章外,其他规范性文件不得设立行政许可,显然对矿业权出租行政审批的适法性亦值得研究。更为重要的,《矿业权出让转让管理暂行规定》作为部门规范性文件,不符合《合同法解释(一)》第4条“合同法实施以后,人民法院确认合同无效,应当以全国人大及其常委会制定的法律和国务院制定的行政法规为依据,不得以地方性法规、行政规章为依据”的规定。因此,对于矿业权租赁合同,除符合本条规定第2款构成实质矿业权转让的情形外,不能以矿业权出租是否得到自然资源主管部门审查批准为由认定矿业权租赁合同具有瑕疵。

（二）典型案例:采矿权出租合同的效力认定

【典型案例】呼和浩特市天奋商贸有限责任公司与呼和浩特市峰磊采石有限责任公司租赁合同纠纷案[(2020)内01民终310号]

【基本案情】

呼和浩特市天奋商贸有限责任公司(以下简称天奋公司)(原告、上诉人)与呼和浩特市峰磊采石有限责任公司(以下简称峰磊公司)(被告、被上诉人)于2014年4月15日签订《租赁合同》,约定乙方租赁承包甲方沟北一采区工作面以及电力设施、房屋,租赁期为2014年4月15日至2017年4月15日,租赁费为每年70万元,第一年租赁费在签订本协议之日一次性付清,第二年、第三年的租赁费在当年1月15日前预交10万元作为当年租赁费定金,剩余60万元在当年4月15日交纳。乙方在协议期间所产生的爆破公司费用、工人工资、国土部门所收费用和环保所收费用、村里的卫生费等费用由乙方承担,在生产经营中2015年4月15日前产生的国税、地税采用全年包干2.5万元给甲方,甲方负责上缴2015年4月15日前的国税和地税,2015年4月15日以后的国税和地税根据实际情况由乙方上缴。因政府政策的调整而导致甲方公司关闭,甲方按照乙方租赁时间长短的比例退还租金,因自然灾害、无力抗拒因素、政府政策等原因一次性造成停产时间在20天以上,包括20天(以书面记录为准)甲方给乙方顺延租赁期。甲、乙双方任何一方单方违约应付给对方违约金50万元整。同日,峰磊公司出具收条一张,载明收到天奋公司2014年4月15日至2015年4月15日租赁沟北一采区及电力设施租金70万元整。

天奋公司向一审法院起诉请求:(1)判令确认天奋公司、峰磊公司签订的《租赁合同》无效;(2)判令峰磊公司退还天奋公司租赁费××元;(3)判令峰磊公司退还天奋公司税金××元。

【裁判结果】

本院认为,本案的争议焦点:天奋公司与峰磊公司签订的案涉《租赁合同》是否属于无效合同。

首先,《租赁合同》明确约定峰磊公司向天奋公司提供的是沟北一采区工作面和相关电力设备、房屋,同时峰磊公司为天奋公司提供生产经营等相关手续以及办理授权开采、经营委托书,并未约定峰磊公司要将其采矿权转让于天奋公司,即天奋公司的开采、经营需经过峰磊公司的授权,且峰磊公司提供的也仅是其矿区的部分工作面,并未变更采矿权主体,双方应系矿业权租赁合同关系,同时包含有房屋和设施的租赁合同关系。而《矿业权纠纷司法解释》是根据《矿产资源法》等多部法律依法制定,故一审法院适用该解释审理本案并无不当。

其次,《矿业权纠纷司法解释》(2020 年修正)第 12 条规定:"当事人请求确认矿业权租赁、承包合同自依法成立之日起生效的,人民法院应予支持。矿业权租赁、承包合同约定矿业权人仅收取租金、承包费,放弃矿山管理,不履行安全生产、生态环境修复等法定义务,不承担相应法律责任的,人民法院应依法认定合同无效。"本案中,在案涉《租赁合同》中,并未约定峰磊公司放弃对该采区的管理,天奋公司提交的证据也不能证明峰磊公司存在仅收取租金,不履行安全生产和生态环境修复等法定义务,故案涉《租赁合同》不具有法定无效的情形。由于天奋公司的开采需经峰磊公司的授权,本质上仍是以峰磊公司的名义进行,故天奋公司认为其并无开采资质,案涉《租赁合同》无效的上诉理由,不能成立。天奋公司以案涉《租赁合同》无效进而要求峰磊公司返还租金及其他费用的诉讼请求,缺乏依据,本院不予支持。

综上:驳回上诉,维持原判。

【案例评析】

《矿业权纠纷司法解释》(2020 年修正)第 12 条规定了当事人请求确认矿业权租赁、承包合同自依法成立之日起生效的,人民法院应予支持。采矿权是用益物权,具有行政许可的性质。本案租赁合同并非将采矿权转让给了天奋公司,只是采矿权经营性权能的出租。承租人所进行的一切经营活动,都是以出租人的名义进行,受出租人所控制。出租人与承租人的主体资格从未变化,双方将租赁期限设为 3 年,也并未设定为永久不存在变相转让矿业权的情形,且峰磊公司并未放弃对所出租的作业面及设备设施的控制管理、生态修复等法定义务。所以适用该司法解释第 12 条的规定认定合同有效。

第五章　矿业权侵权风险防范

第一节　矿业权压覆

矿业权压覆是指因建设项目实施后导致的矿产资源不能开发利用的情况。矿业权压覆主要是铁路、高速公路、工厂、水库、输油管道、输电线路和各种大型建筑物或者建筑群等工程建设项目给权利人合法取得的矿业权的侵犯。当被压覆的矿产资源设有矿业权时,必然损害矿业权人的权益。矿业权人向建设单位主张权利,从而形成矿产压覆案件。依照《矿产资源法》的规定,压覆重要矿产资源须取得行政许可。是否取得压覆许可是矿产压覆合法性的判断标准。建设单位是否取得矿业权人放弃权利的承诺,不影响对矿产压覆合法性的判断。未取得压覆许可的,建设单位构成侵权,应当按照损害填补原则,依法赔偿矿业权人的损失;依法取得压覆许可的,建设单位不承担侵权损害赔偿责任,但建设单位因此而获得的利益构成民法中的不当得利,可以参照 137 号文的规定予以补偿。

一、重要矿产资源压覆的识别

《矿产资源法》第 33 条定义了矿产资源压覆,以及在建设铁路、工厂、水库、输油管道、输电线路和各种大型建筑物筑群之前,建设项目必须向所在省、自治区、直辖市地质矿产主管部门了解拟建工程所在地区的矿产资源分布和开采情况。非经国务院有关部门批准,不得压覆重要矿床。2000 年,原国土资源部《关于规范建设项目压覆矿产资源审批工作的通知》(国土资发〔2000〕386 号)第 2 条规定,矿产压覆是指因建设项目实施后导致矿产资源不能开发利用。但是建设项目与矿区范围重叠而不影响矿产资源正常开采的,不作压覆处理。根据该规定,矿产压覆分为典型压覆与拟制压覆。典型压覆为建设项目与采矿权所在矿区或探矿权所在勘查区块重叠,导致矿产资源无法开采。如高速公路从矿区或勘查区块经过,并直接造成地下矿产资源无法开发利用。拟制压覆为建设项目虽未经过矿区或勘查区块,但基于铁路、公路、输电线路工程运行安全等要求,造成周围矿区的矿产资源无法开发利用。①

《矿产资源法》第 33 条规定:"未经批准不得压覆重要矿产资源。"2010 年,137 号文第 2 条明确,重要矿产资源是指"《矿产资源开采登记管理办法》附录所列 34 个矿种和省级国土资源行政主管部门确定的本行政区优势矿产、紧缺矿产"。因此,各省级自然资源行政主管部门有权认定重要矿产资源。最高人民法院法官叶阳认为,重要矿产资源识别的意义在于,虽然建设项目对非重要矿产资源也可能形成压覆,但不涉及自然资源行政主管部门的审批和管理职能,不具有矿产压覆案件的特殊性。事实上,在司法实践中,非重要矿产资源的压覆引发的纠纷也并不多见。

二、矿产压覆的基本程序

根据 137 号文的规定,矿产压覆的基本程序如下:

(1)建设项目选址前,建设单位应向省级国土资源行政主管部门查询拟建项目所在地区的矿产资源规划、矿产资源分布和矿业权设置情况,各级国土资源行政主管部门应为建设单位查询提供便利条件。不压覆重要矿产资源的,由省级国土资源行政主管部门出具未压覆重要矿产资源的证明;确需压覆重要矿产资源的,建设单位应根据有关工程建设规范确定建设项目压覆重要矿产资源的范围,委托具有相应地质勘查资质的单位编制建设项目压覆重要矿产资源评估报告。

(2)建设项目压覆已设置矿业权矿产资源的,新的土地使用权人还应同时与矿业权人签订协议,协议应包括矿业权人同意放弃被压覆矿区范围及相关补偿内容。补偿的范围原则上应包括:矿业权人被压覆资源储量在当前市场条件下所应缴的价款(无偿取得的除外);所压覆的矿产资源分担的勘查投资、已建

---

① 参见叶阳:《矿产压覆案件审判中的争议及其消解》,载《人民司法》2022 年第 31 期。

的开采设施投入和搬迁相应设施等直接损失。

(3)建设项目提交评估报告、书面协议等相关材料,自然资源行政主管部门依法作出准予压覆或不准予压覆的决定。

三、矿产压覆侵权损害赔偿

建设单位是否应就压覆事实对矿业权人承担责任以及承担何种责任,乃是矿产压覆案件审判的核心问题。根据《矿产资源法》第33条、《矿产资源法实施细则》第35条规定,建设项目选址前,建设单位应向省级国土资源行政主管部门查询拟建项目所在地区的矿产资源规划、矿产资源分布和矿业权设置情况,各级国土资源行政主管部门应为建设单位查询提供便利条件。不压覆重要矿产资源的,由省级国土资源行政主管部门出具未压覆重要矿产资源的证明;确需压覆重要矿产资源的,建设单位应根据有关工程建设规范确定建设项目压覆重要矿产资源的范围,委托具有相应地质勘查资质的单位编制建设项目压覆重要矿产资源评估报告。如果铁路的建设项目途径某市需要压覆矿区,其在申请用地之前并没有向省一级自然资源管理部门咨询被压覆矿区的勘察情况,也没有委托专业机构出具矿产资源评估报告并经国务院授权的国土部门批准,径直申请建设用地,其压覆矿山矿床进行建设的行为即违法,属于未批先建的违法项目,侵犯了权利人的矿业权,依法应当予以赔偿。

有无压覆许可是判断矿产压覆是否构成侵权的唯一判断标准。建设项目未取得压覆许可的,建设单位应当承担侵权损害赔偿责任。关于赔偿数额的确定,可依照填平原则,先依法查明压覆矿产资源的储量,再按照《矿业权评估指南》确定的评估方法和参数予以确定。①

四、矿产压覆不当得利补偿

建设项目取得压覆许可的,建设单位仍应当对矿产业权人的损失予以补偿。《民法典》第122条规定:"因他人没有法律根据,取得不当利益,受损失的人有

---

① 参见叶阳:《矿产压覆案件审判中的争议及其消解》,载《人民司法》2022年第31期。

权请求其返还不当利益。”叶阳认为，由于在矿产压覆中，矿业权人丧失或部分丧失了采矿权，物权受到了损害；建设单位获得了施工利益，且这种利益属于财产上的利益且非反射利益，是不当利益，且在矿产压覆中，建设项目通过矿产压覆获得利益，矿业权人因此遭受损失，两者具有直接的因果关系，建设单位获得利益没有法律根据，因此矿产压覆补偿属于权益侵害不当得利之特定类型。

关于补偿范围，存在全面补偿说与成本补偿说。近年来，司法实践逐渐倾向于成本补偿说，即参照 137 号文的规定，就矿业权人的投入成本予以补偿：(1)矿业权人被压覆资源储量在当前市场条件下所应缴的价款(无偿取得的除外)；(2)所压覆的矿产资源分担的勘查投资、已建的开采设施投入和搬迁相应设施等直接损失。

五、关乎社会公共利益工程压覆矿区的责任承担方式

社会公共利益这一概念是由“社会”“公共”“利益”组成，通常是指一个国家在其特定阶段、特定条件下和特定问题上的重大或根本利益的所在。仔细研究，实则很难对之进行精准定位。我国现阶段正处于转型时期，利益多元化的格局已基本形成，但调整利益冲突的法律规范并未随之俱全，故此，更应对公共利益设定必要的权利边界。

就侵权责任的承担方式而言，在考虑侵权责任法律构成的同时，还应综合考虑局部与整体利益衡量的问题，即私人经济利益与社会公共利益的平衡问题。如果采取拆除公共工程，无疑会影响到社会公共利益，应当选取经济补偿、置换等方式平衡公共利益和私人利益。这一点在最高人民法院发布的有关矿业权纠纷审理的典型案例中，也有具体的阐述。

在“最高人民法院发布十起审理矿业权民事纠纷案件典型案例之十：云和县土岩岗头庵叶腊石矿与国网浙江省电力公司矿产压覆侵权纠纷案”中，涉案的浙北—福州特高压交流输变电工程系经国家发展和改革委员会依法核准批复、依法建设的国家重点工程，投资巨大且已竣工并正式投入运营，但该工程的部分线路跨越了云和县叶腊石矿的矿区，确实造成了对其矿业权的侵犯。但考虑到案涉工程在满足福建与浙江联网送电需要及提高华东电网供电可靠性方面

发挥的重要作用，且该工程投资巨大并已正式投入运营，如拆除，必将对浙江省电力供应造成重大影响，电力供应不仅涉及叶腊石矿的经济利益，更涉及社会公共利益，据此，法院没有对其“拆除该工程跨越其矿区的部分”的请求予以支持。但是法院也明确表示，作为侵权人的国网浙江省电力公司，需要通过其他的方式承担侵权责任，在矿业权人仅请求排除妨碍的情形下，人民法院应予以充分释明，告知其可另行主张适当的责任方式，兼顾国家利益、社会公共利益和矿业权人的合法权益，适应国家产业政策与社会经济发展需要。

第二节　矿业权越界开采

采矿权受侵害的主要是越层越界开采（以下统称越界开采），即侵权人进入合法矿业权人所设立的矿业企业的矿区范围内采矿的。越界开采从采矿权人权利角度看，是一种民事侵权行为，侵犯的是合法采矿权人的财产权；从必须持证开采的法律原则角度看，可以认为是无证开采，侵犯的是矿产资源国家所有权，是一种违法行为。

一、矿业权人取得矿业权之前的越界开采行为是否应当赔偿的问题

根据《矿业权纠纷司法解释》（2020 年修正）第 3 条的规定，受让人请求自矿产资源勘查许可证、采矿许可证载明的有效期起始日确认其探矿权、采矿权的，人民法院应予支持。矿业权出让合同生效后、矿产资源勘查许可证或者采矿许可证颁发前，第三人越界或者以其他方式非法勘查开采，经出让人同意已实际占有勘查作业区或者矿区的受让人，请求第三人承担停止侵害、排除妨碍、赔偿损失等侵权责任的，人民法院应予支持。据此，在满足矿业权出让合同生效、经出让人同意已实际占有勘查作业区或者矿区两个条件的权利人，在取得矿业权证之前，第三人越界开采造成损失的，可以主张侵权损害赔偿。

二、越界开采的赔偿标准问题

对于越界开采的赔偿标准，民事赔偿数额的大小取决于侵权损失的大小。

侵权损失的确定主要集中在两个方面:首先是越界开采矿石量的确认;其次是越界开采矿石价格的确认。

关于越界开采补偿标准的认定,一直是矿业权侵权中的重点问题,最高人民法院的相关案例具有重要的参考意义。在(2018)最高法民申4700号“湖南振兴股份有限公司、湖南省花垣县中发锰业有限责任公司侵权责任纠纷案”的再审中,最高人民法院对三种判定越界开采赔偿的证据进行了逐一分析:

(1)当事人提交的复合图纸。湖南振兴股份有限公司(以下简称振兴公司)依据复合图主张中发公司越界开采的面积。经查,复合图中虽然标明了“中发采空区”,但复合图是在“7·20”事故发生后根据各矿业权人提供各自矿区的情况进行绘制的,振兴矿区内的情况由振兴公司自行提供,未经中发公司确认,故振兴公司以该复合图显示的“中发采空区”主张存在“中发采空区”以及越界开采面积,依据不足。

(2)技术鉴定报告。振兴公司依据技术鉴定报告主张中发公司越界开采的数量和价值。一审中振兴公司申请对中发公司、李某平越界开采振兴公司采矿许可证范围内的锰矿石数量及价值进行司法鉴定。此次鉴定中发公司未参加,且现场勘验并未进入实测工作,仅是根据李某平现场确认进行的测量。鉴于李某平与中发公司具有利害关系,且与李某平在另案中陈述有矛盾之处,一审、二审法院未采信鉴定报告,并无不当。

(3)自然资源管理部门的勘探报告。2010年5月,原花垣县国土局就中发公司越界开采行为组织勘测时,振兴公司并未对越界开采造成的损失请求中发公司赔偿,因此本案中,中发公司虽然存在越界开采行为,但振兴公司对其所主张的损失,并未提交充分的证据予以证明,且二审判决已经明确,振兴公司有新证据可另寻法律途径主张权利。

三、越界开采的证据问题

(一)越界开采的认定

越界开采的证据问题,主要是指哪些证据可以作为越界开采行为和越界开采赔偿数额的认定,主要涉及越界开采矿量的确认和越界开采矿石价格的确认。

对于开采量的确认,由于越界开采同样会受到行政处罚,因此行政机关行政调查中对开采量的确认,除有证据证明其存在错误,应当被认定为对越界开采量认定的依据;对于价格,则一般以越界开采被发现当月被越界开采的矿产的平均价格为计算依据。

结合上文,对于常见的三种可用来认定越界开采的证据,应当进行不同的处理:(1)应当提供经双方确认的发生越界开采前的图纸;(2)一方在进行技术鉴定之时,应当要求另一方同时在场;(3)对于自然资源管理部门的勘验报告,应当合理利用,并且在自然资源部门调查取证和制作报告之时就提出赔偿请求。

(二)典型案例:越界开采行为涉嫌非法采矿犯罪

【典型案例】吉林省乾源矿业开发有限责任公司与通化尊正实业有限公司、通化尊正实业有限公司抚松县大方铁矿探矿权纠纷案[(2016)最高法民终654号]

【基本案情】

吉林省乾源矿业开发有限责任公司(以下简称乾源公司)于2011年1月向吉林省高级人民法院(以下简称吉林高院)提起民事诉讼,主张通化尊正实业有限公司(以下简称尊正公司)及通化尊正实业有限公司抚松县大方铁矿(以下简称尊正大方铁矿)存在越界开采的侵权行为,并导致了乾源公司可开采的铁矿石储量的减少,请求判令尊正公司及尊正大方铁矿立即停止侵权行为并赔偿乾源公司的经济损失等。在本案民事诉讼审理期间,乾源公司基于尊正大方铁矿的同一开采行为向吉林省国土资源厅举报尊正大方铁矿涉嫌非法采矿。吉林省国土资源厅将该举报案件转交白山市国土资源局调查处理。白山市国土资源局将举报案件移送白山市公安局,白山市公安局决定对尊正大方铁矿涉嫌非法采矿案立案侦查。

吉林高院认为,目前乾源公司因尊正公司、尊正大方铁矿非法开采行为产生的损失救济应通过刑事诉讼途径处理,即乾源公司与尊正公司、尊正大方铁矿之间的法律关系应属于刑事法律规范调整范畴,不属于法院民事诉讼受案范围。故裁定:驳回乾源公司的起诉。乾源公司不服,上诉至最高人民法院,主张本案属民事侵权案件,虽涉及非法采矿犯罪,但并不适用《最高人民法院关于在审理经济纠纷案件中涉及经济犯罪嫌疑若干问题的规定》第11条的规定,而应依据

《民事诉讼法》第150条第1款第5项及最高人民法院《全国法院民商事审判工作会议纪要》中关于“刑民交叉”案件的规定中止审理。

【裁判结果】

乾源公司起诉尊正公司及尊正大方铁矿侵犯探矿权的民事案件本身所涉尊正大方铁矿越界开采行为涉嫌刑事犯罪，根据《最高人民法院关于在审理经济纠纷案件中涉及经济犯罪嫌疑若干问题的规定》第11条规定，“人民法院作为经济纠纷受理的案件，经审理认为不属经济纠纷案件而有经济犯罪嫌疑的，应当裁定驳回起诉，将有关材料移送公安机关或检察机关”。据此，本案应先通过刑事诉讼程序解决，故法院裁定驳回乾源公司的诉讼请求。

【案例评析】

越界开采侵权行为涉嫌非法开采犯罪的，被侵权人无权单独提起民事侵权诉讼。如刑事案件中认定侵权人的行为不构成犯罪，则被侵权人可以再行寻求民事诉讼程序救济。如认定侵权人的行为构成犯罪，则被侵权人可通过退赔程序、附带民事诉讼程序获得赔偿。根据《刑法》第343条的规定，“违反矿产资源法的规定，未取得采矿许可证擅自采矿，擅自进入国家规划矿区、对国民经济具有重要价值的矿区和他人矿区范围采矿，或者擅自开采国家规定实行保护性开采的特定矿种，情节严重的，构成非法采矿罪”。据此，当事人因越界开采行为可能会涉嫌刑事犯罪。

第三节　矿业权相关生态损害赔偿诉讼

一、生态损害赔偿的诉讼主体问题

根据《最高人民法院关于审理生态环境损害赔偿案件的若干规定(试行)》(2020年修正)(法释〔2020〕17号)第1条的规定，可以作为生态损害赔偿诉讼原告的是省级、市地级人民政府及其指定的相关部门、机构，或者受国务院委托行使全民所有自然资源资产所有权的部门；可以作为生态损害赔偿案件被告的是造成生态环境损害的自然人、法人或者其他组织。

矿业权人在勘查、开采矿产资源的过程中稍有不慎就会造成生态环境的损害，很容易成为生态环境损害案件的被告责任人。

二、生态损害赔偿的赔偿标准问题

根据《最高人民法院关于审理生态环境损害赔偿案件的若干规定（试行）》（2020年修正）（法释〔2020〕17号）第11条、第12条和第13条的规定，被告违反法律法规污染环境、破坏生态的，人民法院应当根据原告的诉讼请求以及具体案情，合理判决被告承担修复生态环境、赔偿损失、停止侵害、排除妨碍、消除危险、赔礼道歉等民事责任；受损生态环境能够修复的，人民法院应当依法判决被告承担修复责任，并同时确定被告不履行修复义务时应承担的生态环境修复费用（生态环境修复费用包括制定、实施修复方案的费用，修复期间的监测、监管费用，以及修复完成后的验收费用、修复效果后评估费用等）。原告请求被告承担下列费用的，人民法院根据具体案情予以判决：实施应急方案以及为防止生态环境损害的发生和扩大采取合理预防、处置措施发生的应急处置费用；为生态环境损害赔偿磋商和诉讼支出的调查、检验、鉴定、评估等费用；合理的律师费以及其他为诉讼支出的合理费用。

生态损害赔偿是环境公益诉讼的重要组成部分，是近年来国家司法体制改革和诉讼模式变革的新探索，对于建设生态文明和美丽中国具有重要的意义。相关的案例具有重要的参考价值。

在（2019）吉08民初64号“公益诉讼起诉人吉林省白城市人民检察院与白某柱环境污染责任纠纷案”中，吉林省白城市人民法院认定1998年至2016年，白某柱在向海乡红旗村文长承包的草原内，非法开垦草原40.35亩，种植农作物，造成草原植被破坏。白某柱因犯非法占用农用地罪被通榆县人民法院已判处刑罚。截至目前，破坏行为造成的社会公共利益损失，即生态环境受到损害至恢复原状期间的服务功能损失，至今未获得赔偿。据此，法院判定白某柱非法开垦草原种植农作物，对草原植被造成了破坏，依法应当承担破坏草原，损害环境利益的赔偿责任。因此，依照《环境保护法》第2条“本法所称环境，是指影响人类生存和发展的各种天然的和经过人工改造的自然因素的总体，包括大气、水、海洋、土地、矿藏、森林、草原、湿地、野生生物、自然遗迹、人文遗迹、自然保护区、风景名胜区、城市和乡村等”，第64条“因污染环境和破坏生态造成损害的，应当依照《侵权责任法》的有关规定承担侵权责任"和《侵权责任法》(《民法典》侵权责任编)第65条"因污染环境造成损害的,污染者应当承担侵权责任"的规定,白某柱应当承担破坏40.35亩草原环境的侵权责任。依照《侵权责任法》第15条第5项、第6项"承担侵权责任的方式主要有:……(五)恢复原状;(六)赔偿损失……"的规定,公益诉讼起诉人请求白某柱赔偿生态环境受到损害至2016年年底恢复生态环境期间的服务功能损失费用29,100.00元。[①]

三、典型案例:北京市朝阳区自然之友环境研究所等与谢某锦等环境侵权责任纠纷公益诉讼案[②]

【基本案情】

2008年7月29日,被告李某槊与被告谢某锦等人未经政府行政主管部门审批转让采矿权,且擅自扩大采矿范围,将产生的弃石往山下倾倒,造成28.33亩林地原有植被严重毁坏。2014年7月28日,谢某锦等三人因犯非法占用农用地罪分别被判处有期徒刑1年2个月至1年6个月不等的刑罚。2015年1月1日,原告北京市朝阳区自然之友环境研究所(以下简称自然之友)、福建绿家园依据我国《民事诉讼法》第55条规定和2015年1月1日施行的《环境保护法》第58条规定,向福建省南平市中级人民法院提起环境民事公益诉讼。该院经审理认为,被告谢某锦等四人为采矿造成28.33亩林地原有植被严重破坏,依法应共同承担恢复林地植被、赔偿生态损失的侵权责任。据此,判令四被告在判决生效之日起5个月内恢复被破坏的28.33亩林地的生态功能,在该林地上补种林木并抚育管护3年,如不能在指定期限内恢复林地植被,则共同赔偿生态环境修复费用110.19万元;共同赔偿生态环境受到损害至恢复原状期间服务功能损失127万元,用于原地生态修复或异地公共生态修复;共同支付原告自然之友、福建绿家园为本案支出的评估费、律师费、其他合理费用16.5万余元。宣判后,被告谢某锦等三人向福建省高级人民法院提出上诉。二审法院经审理认为,上诉人的上诉理由不能成立,于2015年12月18日作出驳回上诉,维持一审判决。

---

① 参见吉林省白城市中级人民法院(2019)吉08民初64号民事判决书。

② 参见祝昌霖、魏雪婵:《新环保法实施后首例环境民事公益诉讼案法律分析》,载《海峡法学》2017年第1期。

【案例分析】

1. 关于自然之友与福建绿家园提起环境公益诉讼的依据

根据我国新《环境保护法》第 58 条的规定，依法在设区的市级以上人民政府民政部门登记，专门从事环境保护公益活动连续 5 年以上且无违法记录的社会组织向人民法院提起环境公益诉讼，人民法院依法应当受理。据我国《民事诉讼法》第 55 条和上述规定，自然之友和福建绿家园以社会组织身份向人民法院提起公益诉讼，是环境公益诉讼的适格原告，南平市中级人民法院予以受理于法有据。

2. 关于社会组织提起环境公益诉讼是否系新《环境保护法》的全新规定

我国《民事诉讼法》第 55 条规定，对损害社会公共利益的行为，法律规定的机关和有关组织可以向人民法院提起诉讼。但对哪些为“有关组织”可以向人民法院提起诉讼缺乏明确具体的规定，实践中不好把握。而新《环境保护法》第 58 条规定，必须符合三个法定要件，为公益性社会组织提起环境公益诉讼提供了更明确、更具体、更可操作的法律依据，是对《民事诉讼法》有关环境公益诉讼规定的进一步完善。

3. 案件所涉“破坏生态”新问题首次作出司法认定

原告认为，被告应当要为“破坏生态”的行为担责，原告提交了对福建省南平采石场生态修复初步费用估算报告及补充意见和说明。

被告谢某锦、倪某香、郑某姜质证认为，对于以上评估报告，首先没有看到评估人具有森林资产评估的资质，评估报告的评估人是否有资质无法判断，评估的检材是依据天祥评估事务所对改变林业用途的亩数为依据进行鉴定，但是没有对涉案的林地被改变之前的状况和功能进行实地调查，如果山顶就是岩石与大面积的森林是不一样的，这些评估报告不能采信。

被告李某槊对该组证据质证认为，对该组证据的形式要件真实性没有异议，对内容真实性有异议，作出报告的主体单位不适格，对资质有异议，此资产评估机构没有评估生态环境修复费用的资质，参与评估的人员不具有相应资格，且原告所提供的报告是单方委托相关机构形成的，取样、评估所界定的范围也没有征询被告方的意见，评估程序是不合法的，参与评估的人员资格不合法，不能作为证据采用。

南平市中级人民法院经审理认为，被告谢某锦等人违法开矿，严重破坏了周围的天然林地，这些林地不仅本身基本丧失了生态功能，还影响了周围生态环境的整体性和平衡性。违法采矿毁坏林地植被造成生态环境被破坏，判其修复费用110.19万元。新《环境保护法》首次将“破坏生态”的行为纳入环境公益诉讼的范围，本案作为首例由社会组织提起的“破坏生态”类型的环境民事公益诉讼案，以恢复被破坏的生态环境为目的，有别于以往“污染环境”类型的案件，通过公益诉讼不仅可以加快生态环境的修复，还可以引导社会建立环保公益基金或资金。通过判决，最主要的是对该类违法企业产生警示作用。本案判决对今后环境民事公益诉讼案件的审理具有一定借鉴意义，对今后的司法实践具有示范和导向作用。

4. 首次判决赔偿生态环境服务功能损失

南平市中级人民法院根据2015年1月7日施行的《最高人民法院关于审理环境民事公益诉讼案件适用法律若干问题的解释》第21条规定，从保护、恢复生态环境功能出发，在环境损害结果已经发生的情况下，判令被告承担恢复生态功能的责任。本案判决支持了原告要求赔偿生态环境服务功能损失的诉请，在全国法院中率先对上述规定进行有益的实践。如判决被告对生态环境受到损害至恢复原状期间服务功能的损失134万元（损毁林木的价值5万元，推迟林木成熟的价值2万元，植被破坏导致碳释放的生态损失价值、森林被破坏期生态服务价值、森林恢复期生态服务价值合计127万元）。本案判决实现了审理环境民事公益诉讼案件与生态恢复性司法有机结合，使案件裁判的法律效果、社会效果和生态效果得以有机统一。

通过此案判决，人民法院首次认定了我国生态环境服务功能损失责任与赔偿数额，对今后探索赔偿恢复植被、改善水体、矿产、土地和草原生态环境服务功能损失的途径具有重要先导与借鉴意义。作为最高人民法院公布的十起环境资源保护典型案例之一，即新《环境保护法》实施后全国首例环境民事公益诉讼案件，最高人民法院环境资源审判庭副庭长王旭光认为：“环境侵权案件的审理不仅要贯彻损害担责的原则，更注重生态环境的修复等民事责任的正确适用。上述案件首次通过判决明确支持了生态环境受到损害至恢复原状期间服务功能损失的赔偿请求，提高了破坏生态行为的违法成本，体现了保护生态环境的价值理念，判决具有评价、指引和示范作用。”

5. 明确行政执法机构不承担民事责任

在诉讼过程中,原告认为南平市国土资源局延平分局(以下简称国土延平分局)、南平市延平区林业局(以下简称延平区林业局)作为环境保护相关的行政执法部门,应为本案的第三人。

一审第三人国土延平分局述称,本第三人对本案原告提起环境公益诉讼表示支持。但本第三人认为原告起诉状中第二项诉请“四被告不能按期在三个月内恢复林地植被的,由第三人用该款组织恢复林地植被”没有法律依据。本第三人作为土地资源的监督管理部门,对土地资源的开发利用、保护具有职责,但法律和行政法规并未赋予本第三人“组织恢复林地植被”的职权,作为行政机关,一切行政行为均应于法有据。2014 年 12 月 26 日《最高人民法院、民政部、环境保护部关于贯彻实施环境民事公益诉讼制度的通知》第 6 条规定:“人民法院可以判决被告自行组织修复生态环境,可以委托第三方修复生态环境,必要时也可以商请负有监督管理职责的环境保护主管部门共同组织修复生态环境。”据此,原告起诉状中第二项诉讼请求无法律依据,不能请求人民法院强制本第三人组织修复被破坏的生态环境。请求人民法院依法驳回原告要求本第三人承担相应工作的诉讼请求。同时建议人民法院在判决被告自行组织修复生态环境后,被告不履行判决确定的义务和责任时可以委托第三方修复生态环境。

一审第三人延平区林业局述称,一是原告直接将延平区林业局列为本案第三人缺乏法律依据。根据《民事诉讼法》第 56 条第 2 款的规定,无独立请求权的第三人参加诉讼是由当事人提出申请参加诉讼或由人民法院依职权追加。原告起诉时在诉状中直接列本局为第三人,没有任何法律根据。二是对于破坏种植条件拒不履行土地复垦义务的行政处罚的职责主体是县级以上人民政府土地资源行政主管部门。对于被告谢某锦、倪某香、郑某姜、李某槊因采矿造成的植被破坏,应由本案另一第三人国土延平分局责令其缴纳复垦费,用于专项修复治理,负责监督实施恢复被破坏的植被。三是《国土资源部办公厅关于印发〈全国“矿山复绿”行动方案〉》的通知已明确“矿山复绿”的责任主体是国土资源行政主管部门。《福建省人民政府办公厅关于进一步加强交通干线两侧“青山挂白”治理工作的通知》第 2 条规定:因森林火灾、森林病虫害、林木采伐及洪灾滑坡引发的无林木迹地,由林业行政主管部门负责组织植树造林修复;因矿山开采引发的“青山挂白”,由国土资源行政主管部门负责组织恢复治理。

被告谢某锦、倪某香、郑某姜、李某槊认为，其只应承担本案生态功能恢复的次要责任。第一，当地政府和林业、国土监管部门允许被告边开采、边审批。南平市延平区人民政府常务会议通过的《南平市延平区关于鼓励开采和加工石材的优惠条件》公示：来我区投资办厂实行登记制，可先登记，先开工，然后再办理其他手续。第二，被告已向当地政府有关部门申请办理矿山采矿权许可延期、扩大（含征用林地许可证）手续。被告于2008年7月30日向国土延平分局申请办理采矿权人变更登记，该局收取了采矿证登记费，并于2009年5月8日向延平区林业局致函：李某槊申请扩大矿区范围，扩大的范围符合南平市延平区“三区规划”，不属于“禁采区”；2009年5月还对涉案采矿证年检，确认采矿合法性。证明当地政府相关部门许可被告边申请、边开采，被告正在办理采矿权许可延期、扩大（含征用林地许可证）手续，后因合福铁路建设被停。第三，涉案矿山1999年领证开采，国土资源部门在申请人未取得征用林地许可证前置条件时违规发给采矿权证，1999年至今十几年时间里林业行政主管部门从未过问、并提请矿主办理征用林地许可手续，不仅涉案矿山没有征用林地许可手续，南平市延平区所有矿山开采改变林地用途都没有办理征用林地许可手续。第四，当地林业行政主管部门默许被告边开采边审批；当地国土资源部门在涉案矿区因合福铁路建设列入压覆矿征用，闽赣公司下文所有压覆矿停止开采时才通知原矿主停止开采，之前林业行政主管部门、国土资源行政主管部门从来没有口头或书面通知被告停止开采。

南平市中级人民法院经审理认为，关于第三人国土延平分局、延平区林业局是否应承担组织恢复植被的责任问题。本案中，第三人国土延平分局、延平区林业局作为对环境保护相关的负有监督管理职责的行政执法部门，与本案处理结果没有民事上的法律利害关系，不应作为民事法律关系的第三人承担责任。

笔者认为，上述国土、林业行政主管部门与案件处理结果不存在民事法律利害关系，不应作为民事法律关系的第三人承担民事责任。依据《最高人民法院、民政部、环境保护部关于贯彻实施环境民事公益诉讼制度的通知》的有关规定，人民法院可以在必要时商请负有监督管理职责的环境保护相关主管部门共同组织修复生态环境。关于修复性司法福建省许多法院已有成功经验可供借鉴，其所取得的成绩也得到人大代表、政协委员和最高人民法院的肯定。

第六章　矿业权相关刑事法律风险防范

一、危害公共安全类矿业犯罪

刑法意义上的危害公共安全罪是指故意或过失地实施危及不特定或多数人的生命、健康或者重大公私财产安全的行为。[①] 此罪主体通常为一般主体，仅有极少数犯罪规定了特殊主体；主观方面为故意或过失；客观方面为实施危害公共安全的行为，实际产生了危害后果，或者具有产生危害后果的危险。客体是公共安全，这和一般意义的公共安全不同，也不等同于公共场所的安全。如果行为人针对特定的个人或者特定的少数人实施危害行为，不属于危害公共安全类的犯罪。若指向多数人抑或特定的人，但是危害后果会危及不特定的人，或者多数人，使其人身法益受害，则属于危害了不特定或多数人，因而成立此类犯罪。

在刑法规定的众多危害公共安全类的犯罪中，与矿业权紧密相关的主要有重大责任事故罪，强令违章冒险作业罪，重大劳动安全事故罪和不报、谎报安全事故罪。这些罪除具备危害公共安全类犯罪的一般特征外，还具有其独特的犯罪构成的内容，需要进行特别关注。

（一）非法采矿罪

1. 概念

非法采矿罪是指违反矿产资源法的规定，未取得采矿许可证擅自采矿，擅自进入国家规划矿区、对国民经济具有重要价值的矿区和他人矿区范围采矿，或者擅自开采国家规定实行保护性开采的特定矿种，情节严重的行为。

---

① 参见张明楷：《刑法学》，法律出版社 2016 年版，第 687 页。

2. **犯罪构成**

主体要件。本罪的犯罪主体是一般主体,也可以由单位构成。具体实践中,本罪的犯罪主体多为直接责任人员,包括国营、集体或乡镇矿山企业中作出非法采矿决定的领导和主要人员以及聚众非法采矿的煽动者、组织者、指挥者和个体采矿人员。①

主观方面要件。本罪的主观方面是故意,即行为人的主观目的是获取矿石以谋取私利,明知无证或未经批准就对国家规划矿区、对国民经济有重要价值的矿区、他人矿区或对国家有进行保护性开采规定的矿种进行擅自开采,并且非法采矿行为人对其行为会使矿产资源遭到破坏这一后果有清楚的认识。

客体要件。本罪所保护的客体是国家对开采矿产资源进行管理的制度。

客观方面要件。本罪的客观方面表现为行为人违反《矿产资源法》的规定,未取得采矿许可证擅自开采的、擅自进入国家规划矿区、对国民经济具有重要价值的矿区以及他人矿区的或者擅自开采国家规定实行保护性开采的特定矿种的,并且情节严重。

3. **定罪与量刑**

根据《刑法》第 343 条的规定,违反《矿产资源法》的规定,未取得采矿许可证擅自采矿,擅自进入国家规划矿区、对国民经济具有重要价值的矿区和他人矿区范围采矿,或者擅自开采国家规定实行保护性开采的特定矿种,情节严重的,处 3 年以下有期徒刑、拘役或者管制,并处或者单处罚金;情节特别严重的,处 3 年以上 7 年以下有期徒刑,并处罚金。

根据《两高办理采矿案件司法解释》第 1 条的规定,违反《矿产资源法》《水法》等法律、行政法规有关矿产资源开发、利用、保护和管理的规定的,应当认定为《刑法》第 343 条规定的“违反矿产资源法的规定”。

根据《两高办理采矿案件司法解释》第 2 条的规定,“未取得采矿许可证”的情形包括:无许可证的;许可证被注销、吊销、撤销的;超越许可证规定的矿区范围或者开采范围的;超出许可证规定的矿种的(共生、伴生矿种除外);其他未取得许可证的情形。

根据《两高办理采矿案件司法解释》第 3 条的规定,本罪的“情节严重”是

---

① 参见赵悦岑:《浅析非法采矿罪》,载《法制与经济》2018 年第 2 期。

指：开采的矿产品价值或者造成矿产资源破坏的价值在10万元至30万元以上的；在国家规划矿区、对国民经济具有重要价值的矿区采矿，开采国家规定实行保护性开采的特定矿种，或者在禁采区、禁采期内采矿，开采的矿产品价值或者造成矿产资源破坏的价值在5万元至15万元以上的；2年内曾因非法采矿受过2次以上行政处罚，又实施非法采矿行为的；造成生态环境严重损害的；其他情节严重的情形。本罪的"情节特别严重"则是指：数额达到前款第1项、第2项[①]规定标准5倍以上的；造成生态环境特别严重损害的；其他情节特别严重的情形。

根据《两高办理采矿案件司法解释》第4条的规定，在河道内采砂，依据相关规定应当办理河道采砂许可证，未取得河道采砂许可证或者依据相关规定应当办理河道采砂许可证和采矿许可证，既未取得河道采砂许可证，又未取得采矿许可证，且符合《刑法》第343条以及《两高办理采矿案件司法解释》第2条和第3条规定的，以非法采矿罪定罪处罚。

根据《两高办理采矿案件司法解释》第9条的规定，单位触犯本罪的，依照该解释规定的相应自然人犯罪的定罪量刑标准，对直接负责的主管人员和其他直接责任人员定罪处罚，并对单位判处罚金。

根据《两高办理采矿案件司法解释》第10条的规定，实施非法采矿犯罪，不属于"情节特别严重"，或者实施破坏性采矿犯罪，行为人系初犯，全部退赃退赔，积极修复环境，并确有悔改表现的，可以认定为犯罪情节轻微，不起诉或者免予刑事处罚。

4. 典型案例：非法采矿罪情节严重与情节特别严重的认定

【典型案例】王某明等非法采矿案[（2014）台黄刑初字第936号][②]

【裁判要旨】

对非法采矿罪的情节严重与情节特别严重，应结合非法采矿的非法获利、造成矿产资源破坏的价值及其他情节进行认定，其中非法获利应根据所涉矿产的销售总额进行认定；造成矿产资源破坏的价值虽有明确的法律定义，还须按照相

---

① 即"开采的矿产品价值或者造成矿产资源破坏的价值在十万元至三十万元以上的；在国家规划矿区、对国民经济具有重要价值的矿区采矿，开采国家规定实行保护性开采的特定矿种，或者在禁采区、禁采期内采矿，开采的矿产品价值或者造成矿产资源破坏的价值在五万元至十五万元以上的"的5倍以上。

② 引自《人民司法·案例》2015年第6期。

关规定,由省级以上地质矿产主管部门出具鉴定意见,经查证属实后方可认定。

【基本案情】

浙江省台州市黄岩区人民法院经审理查明:

2012年12月底至2013年4月,被告人王某明、陶某明在未取得采矿许可证的情况下,擅自在台州市黄岩区院桥镇梅山村一山地开采宕碴矿8000多吨,非法获利人民币10万余元。后被告人陶某明退出,由被告人王某明一人继续开采宕碴矿5000多吨,非法获利人民币65,000余元。被告人屠某昌明知被告人王某明等人系非法采矿,仍提供炮头机为其开采宕碴矿10,000余吨。

2013年,陶某江、陶某灵(均另案处理)等人在未取得采矿许可证的情况下,擅自在黄岩区院桥镇岭下东村开采宕碴矿。其间,陶某江等人用其与被告人陶某明等人合伙购买的炮头机开采宕碴矿5600多吨,非法获利人民币56,000余元。

2014年6月10日,被告人王某明被公安机关传唤到案。2014年7月7日、11日,被告人屠某昌、陶某明主动到公安机关投案,并如实供述了主要犯罪事实。被告人陶某明、屠某昌已向公安机关退缴了违法所得。

台州市黄岩区人民检察院指控被告人王某明、陶某明、屠某昌犯非法采矿罪,向黄岩区人民法院提起公诉。

被告人王某明、陶某明、屠某昌对公诉机关指控的犯罪事实和罪名均没有异议。

被告人王某明的辩护人对公诉机关指控的犯罪事实和罪名没有异议,但提出本案的非法获利应是该被告人非法开采矿产的销售总额剔除成本后的获利,起诉指控将销售总额作为该被告人的非法获利不妥。同时提出在本案矿产资源破坏价值无法鉴定的前提下,结合有利于被告人原则,将所涉的矿产销售总额视为本案矿产资源破坏价值,并以此作为量刑标准的辩护意见。

【审判结果】

浙江省台州市黄岩区人民法院经审理认为:被告人王某明、陶某明单独或相互结伙,违反《矿产资源法》的规定,未取得采矿许可证擅自采矿,情节严重;被告人屠某昌明知他人非法采矿仍为其提供帮助,情节严重,其行为均已构成非法采矿罪,依法均应予惩处。公诉机关指控三被告人的罪名成立。被告人王某明曾因吸毒被行政处罚、强制戒毒,现又犯非法采矿罪,酌情予以从重处罚。被告人王某明的辩护人提出本案的非法获利应是该被告人非法开采矿产的销售总额剔除成本后的获利,起诉指控将销售总额作为该被告人的非法获利不妥。同时提出在本案矿产资源破坏价值无法鉴定的前提下,结合有利于被告人原则,将所涉的矿产销售总额视为本案矿产资源破坏价值,并以此作为量刑标准的辩护意见。经查,根据相关法律规定,一方面,矿产资源属于国家所有,未经审批不得开采。被告人王某明等人非法开采并进行销售,系违法犯罪行为,非法采矿过程中产生的费用系犯罪成本,不能剔除,故所涉矿产的销售总额即非法获利。另一方面,非法采矿破坏的矿产资源价值,包括采出的矿产品价值和按照科学合理的开采方法应该采出但因矿床破坏已难以采出的矿产资源折算的价值。造成矿产资源破坏的价值数额应由省级以上地质矿产主管部门出具鉴定意见,经查证属实后予以认定。

本案中所造成的矿产资源破坏价值已无法鉴定,将所涉矿产的销售总额作为矿产资源破坏价值于法无据。故辩护人的此节辩护意见,与本案的事实及相关的法律规定不符,法院不予采纳。被告人王某明的辩护人又提出该被告人归案后如实供述犯罪事实,认罪态度较好,又系初犯、偶犯,要求从轻处罚等辩护意见。经查,与本案的事实及相关的法律规定相符,法院予以采纳,依法并酌情对被告人王某明予以从轻处罚。被告人陶某明有自首情节,认罪、悔罪态度较好,并在第二节犯罪中起辅助作用,系从犯,依法予以从轻处罚。被告人屠某昌在共同犯罪中起辅助作用,系从犯,又有自首情节,认罪、悔罪态度较好,依法予以从轻处罚。三被告人的违法所得,依法予以追缴或没收。根据被告人犯罪的事实、犯罪的性质、情节和对于社会的危害程度,依照《刑法》第25条第1款,第27条,第64条,第67条第1款、第3款,第72条第1款、第3款,第343条第1款之规定,判决:(1)被告人王某明犯非法采矿罪,判处有期徒刑1年6个月,并处罚金人民币8万元。(2)被告人陶某明犯非法采矿罪,判处有期徒刑1年,缓刑2年,并处罚金人民币6万元。(3)被告人屠某昌犯非法采矿罪,判处有期徒刑8个月,缓刑1年,并处罚金人民币5万元。(4)被告人王某明的违法所得,由原侦查机关予以追缴;被告人陶某明、屠某昌退缴的违法所得,予以没收,由原侦查机关上缴国库。

一审宣判后,被告人王某明、陶某明、屠某昌在法定期限内未提出上诉,公诉机关亦未抗诉,一审判决已经发生法律效力。

【案例评析】

如何理解本罪的情节严重和情节特别严重：

非法采矿罪是《刑法修正案(八)》新修订的罪名，修改的内容主要有两点：其一，删除了"经责令停止开采后拒不停止开采"，不再把受到行政责令后拒不停止作为构成非法采矿罪的前置条件，减少入罪障碍、降低入罪门槛；其二，将"造成矿产资源破坏"和"造成矿产资源严重破坏"分别改为"情节严重"和"情节特别严重"，取消了入罪的硬性规定，赋予司法机关更大的自由裁量权。对于何为情节严重和情节特别严重，目前尚无明确的法律规定和司法解释。

2003年5月29日《最高人民法院关于审理非法采矿、破坏性采矿刑事案件具体应用法律若干问题的解释》(本案例中简称《解释》)(已失效)对非法采矿罪的行为方式以及造成矿产资源破坏的标准予以明确。《解释》第3条规定：非法采矿造成矿产资源破坏的价值，数额在5万元以上的，属于《刑法》第343条第1款规定的造成矿产资源破坏；数额在30万元以上的，属于《刑法》第343条第1款规定的造成矿产资源严重破坏。这一司法解释虽是根据《刑法修正案(八)》之前的规定作出的，但对如何理解情节严重和情节特别严重提供了必要的参考。此外，"还应结合非法采矿的获利数额、持续时间长短、是否在受到行政责令后拒不停止开采等"，确定其他属于情节严重和情节特别严重的情形。

据此，浙江省高级人民法院已出台的《关于部分罪名定罪量刑情节及数额标准的意见》(本案例中简称《意见》)第97条对非法采矿罪的情节严重和情节特别严重具体规定如下：具有下列情形之一，属于情节严重，处3年以下有期徒刑、拘役或者管制，并处或者单处罚金：(1)造成矿产资源破坏，价值10万元以上不满50万元的；(2)非法获利5万元以上的；(3)受到行政责令后拒不停止开采的；(4)因非法采矿受过行政处罚又非法采矿的；(5)情节严重的其他情形。具有下列情形之一，属于情节特别严重，处3年以上7年以下有期徒刑，并处罚金：(1)造成矿产资源严重破坏，价值50万元以上的；(2)非法获利25万元以上的；(3)情节特别严重的其他情形。

如何认定本罪的非法获利和造成矿产资源破坏价值：

《意见》对本罪情节严重和情节特别严重的情形作出了较为明确的规定，但在司法实践中还须对该规定中的非法获利和造成矿产资源破坏价值进一步厘定。根据《意见》规定,本罪的情节严重认定标准分为数额标准和情节标准。数额标准主要是结合造成矿产资源破坏和非法获利的数额;情节标准主要是指受到行政责令后拒不停止开采的、因非法采矿受过行政处罚又非法采矿的,以及情节严重的其他情形。相较而言,情节标准较数额标准更易操作。因此,要准确认定本罪的情节严重,主要是分析本罪中的非法获利和造成矿产资源破坏价值。

(1)非法获利

关于非法采矿案件中的非法获利,关系到本罪的定罪与量刑。目前司法实践中的主要争议是对非法获利含义的理解。主要有以下两种观点:第一种观点认为非法采矿中的非法获利是指被告人非法开采矿产的销售总额剔除成本后的获利,即狭义的纯获利。第二种观点认为非法获利是指被告人非法开采矿产的销售总额,即广义的总获利。

(2)造成矿产资源破坏的价值

正如本罪的非法获利,本罪中造成矿产资源破坏的价值也关系到本罪的定罪与量刑,但不同的是,造成矿产资源破坏的价值有明确的法律定义和法律程序。根据2005年8月31日原国土资源部颁布的《非法采矿、破坏性采矿造成矿产资源破坏价值鉴定程序的规定》的规定,非法采矿破坏的矿产资源价值,包括采出的矿产品价值和按照科学合理的开采方法应该采出但因矿床破坏已难以采出的矿产资源折算的价值。国土资源主管部门在查处矿产资源违法案件中,对非法采矿、破坏性采矿涉嫌犯罪,需要对造成矿产资源破坏的价值进行鉴定的,或者省级以上人民政府国土资源主管部门根据公安、司法机关的请求进行上述鉴定的,适用本规定。再根据《解释》第6条的规定,破坏性的开采方法以及造成矿产资源破坏或严重破坏的数额,由省级以上地质矿产主管部门出具鉴定意见,经查证属实后予以认定。

因此,本罪中的造成矿产资源破坏的价值数额应当包括两部分:一部分是采出的矿产品的价值,即非法采矿已经采出的矿产资源数额;另一部分是用科学合理方法应采出而因非法采矿破坏无法采出的矿产资源数额。当然,无论是哪部分的价值数额,都应当按照相关法律规定,由省级以上地质矿产主管部门出具鉴定意见,经查证属实后予以认定。

(3)本案情节严重的具体适用

在理解和认定本罪情节严重和情节特别严重的基础上,在个案中的具体适用上相对比较简单。但值得一提的是,在个案的适用中有两种情形需要进一步明确。一是个案中只存在上述情节严重多种情节中的一种。笔者认为,上述多种情节系选择性定罪量刑标准,在个案的适用上只要其一情节符合上述规定,即可进行定罪量刑。二是个案中存在上述情节严重多种情节中两种或者两种以上的情节。笔者认为,在这种情形下,应当从一重情节来定罪量刑,其他情节在这一重情节的基础上作为其他量刑情节考虑。

本案中,辩护人提出了涉案的矿产资源破坏价值无法鉴定,根据有利于被告人的原则,将所涉的矿产销售总额视为本案矿产资源破坏价值,并以此作为定罪量刑标准的辩护意见。笔者认为该观点不能成立。一方面,相关规定已对非法采矿破坏的矿产资源价值作出了明确的法律定义,且必须按照相关的法律程序由相关部门作出鉴定意见,经查证属实后方可认定。即便在无法鉴定的情形下,将所涉的矿产销售总额视为本案矿产资源破坏价值也于法无据,于理不符。另一方面,被告人王某明等人的非法获利已经庭审查明,被告人的非法获利数额符合《意见》所规定的情节严重。故就本案而言,应当将本案被告人王某明等人的非法获利作为构成情节严重的标准。

【典型案例】徐某发非法采矿罪刑事一审刑事判决书[(2021)赣1104刑初287号]

【基本案情】

2018年12月至2020年,被告人徐某发擅自在上饶市广信区搭建了碎石设备,利用原采石厂遗留在当地的花岗岩边角料作为原料,雇请挖掘机、破碎机,将花岗岩边角料进行破碎加工,生产出的碎石出售给邓某录用于工程建设用材。

2020年6月2日,上饶市广信区自然资源局发现徐某发的违法行为,责令徐某发停止并改正在望仙乡望仙村黄岗小组路边违法开采碎石并进行加工的行为。上饶市广信区自然资源局在处理过程中认为被告人徐某发涉嫌犯罪,遂移送给上饶市广信区公安局侦办。经查证,被告人徐某发共出售给邓某录4422.5立方米的花岗岩碎石,销售额为22.1万元。经国家资源部南昌矿产资源监督检测中心鉴定,被告人徐某发非法开采的花岗岩属于中细粒黑云母钾花岗岩。根据《矿产资源法实施细则》的规定,建筑用花岗岩属于非金属矿产。2021年3月16日,被告人徐某发经公安机关电话通知到案后,如实供述了犯罪事实。2021年3月22日,被告人徐某发向上饶市广信区公安局退缴违法所得10万元。

【法院认为】

被告人徐某发的行为不构成非法采矿罪,理由如下:第一,被徐某发用于破碎的石材原料不属于自然状态的矿产资源,不属于非法采矿罪的犯罪对象。《矿产资源法实施细则》第2条第1款规定:"矿产资源是指由地质作用形成的,具有利用价值的,呈固态、液态、气态的自然资源。"本案被徐某发用于破碎的石材原料,是2008年以前旧石材厂丢弃的边角料,并非自然形成,不符合自然状态的属性,不应成为非法采矿罪的犯罪对象。

第二,徐某发挖掘用于破碎的石材原料不属于采矿行为。徐某发用于破碎的石材原料,是原石材厂开采遗留下来的废弃物,开采行为已经完成。徐某发将被弃于石材厂边上的边角料加工、出售,不宜认定为采矿行为。

第三,挖掘用于破碎的石材原料是否需要办理采矿许可证,并无明确的法律规定。国家发展和改革委员会、科学技术部、自然资源部等十部门于2021年3月18日联合发布的《关于"十四五"大宗固体废弃物综合利用的指导意见》(七)尾矿(共伴生矿)。稳步推进金属尾矿有价组分高效提取及整体利用,推动采矿废石制备砂石骨料、陶粒、干混砂浆等砂源替代材料和胶凝回填利用,探索尾矿在生态环境治理领域的利用。加快推进黑色金属、有色金属、稀贵金属等共伴生矿产资源综合开发利用和有价组分梯级回收,推动有价金属提取后剩余废渣的规模化利用。依法依规推动已闭库尾矿库生态修复,未经批准不得擅自回采尾矿。

以上规定未要求采矿废石需要经过新立采矿权的程序才可开采,仅规定尾矿的回采需要经过批准。故本案的采矿废石,没有法律规定需办理采矿许可证才可采挖。而《刑法》第343条规定,非法采矿罪的构成要件之一就是未取得采矿许可证擅自采矿。

综上,本案被告人徐某发采挖、加工、出售旧石材厂的采矿废石的行为,不构成非法采矿罪。但徐某发擅自办理碎石厂,属于违法行为,应当对其进行相应的行政处罚。公诉机关指控的罪名不成立,本院不予支持。依照《刑事诉讼法》第200条第2项之规定,判决如下:被告人徐某发无罪。

【案例评析】

行为人用于破碎的石材原料既不属于自然状态的矿产资源,也不属于非法采矿罪的犯罪对象;其用于破碎的石材原料,是原石材厂开采遗留下来的废弃物，开采行为已经完成，行为人将被弃于石材厂边上的边角料加工、出售，不宜认定为采矿行为；且非法采矿罪的构成要件之一就是未取得采矿许可证擅自采矿，当前法律规定未要求采矿废石需要经过新立采矿权的程序才可开采，仅规定尾矿的回采需要经过批准。因此，行为人采挖、加工、出售旧石材厂的采矿废石的行为，不构成非法采矿罪。

（二）破坏性采矿罪

1. 概念

破坏性采矿罪是指违反《矿产资源法》的规定，采取破坏性的方法开采矿产资源，造成矿产资源严重破坏的行为。

2. 犯罪构成

主体要件。本罪主体为特殊主体，是指取得采矿许可证的个人或单位。①

主观方面要件。行为人犯本罪其主观心理一般表现为间接故意，即行为人明知自己的行为违反了《矿产资源法》的规定，采取破坏性的方式进行开采并会造成矿产资源的严重破坏，但是对这种结果采取放任的态度。

客体要件。本罪侵犯的客体是国家对矿产资源的管理和保护制度。

客观方面要件。本罪在客观方面表现为行为人违反矿产资源法的规定，采取破坏性的方法开采矿产资源，造成矿产资源严重破坏的行为。这里所言“矿产资源法”不仅包括《矿产资源法》，还包括其他一系列的矿产资源保护与管理法律、法规和规章。所谓“采取破坏性的方法开采矿产资源”，是指在开采矿产资源过程中，违反《矿产资源法》的规定，采取不合理的开采顺序、开采方法和选矿工艺，违反开采回收率、采矿贫化率和选矿回收率的指标进行采矿的行为，如采富弃贫、采易弃难、采厚弃薄等。②

3. 定罪与量刑

《刑法》第 343 条第 2 款规定，自然人犯破坏性采矿罪的，处 5 年以下有期徒刑或者拘役，并处罚金。《刑法》第 346 条规定，单位犯该罪的，对单位判处罚金，并对其直接负责的主管人员和其他直接责任人员，依照上述规定处罚。

---

① 参见王作富主编：《刑法学》，北京大学出版社、高等教育出版社 2000 年版。

② 参见吴占英：《论破坏性采矿罪》，载《中国地质大学学报（社会科学版）》2002 年第 2 期。

4. 与非法采矿罪的区分

(1)主体特征不同。非法采矿罪的犯罪主体为一般主体,即没有取得相关矿产开采的主体资格得单位或者个人;而本罪为特殊主体,已取得相关矿产采矿的主体资格。(2)行为特征不同。非法采矿罪在行为特征上表现为非法采矿,但其手段不一定是破坏性的;本罪在行为特征上表现为使用破坏性方法采矿。(3)入罪标准不同。非法采矿的入罪标准:未取得采矿许可证进行开采并造成矿产资源破坏;而后罪本罪的入罪标准则是已领取了采矿许可证但采用破坏性方法进行采矿;二者结果性条件也不同:非法采矿罪只要"造成矿产资源破坏的"即构成犯罪;而破坏性开采罪只有"造成矿产资源严重破坏的"才构成犯罪。

(三)重大责任事故罪

1. 概念

重大责任事故罪是指在生产、作业过程中违反有关安全管理规定,因而发生重大伤亡事故或者造成其他严重后果的行为。①

2. 犯罪构成

本罪的犯罪主体是一般主体,根据最高人民法院和最高人民检察院2015年联合发布的《关于办理危害生产安全刑事案件适用法律若干问题的解释》(法释〔2015〕22号,以下简称《两高安全生产案件解释》)第1条的规定,本罪的犯罪主体,包括对生产、作业负有组织、指挥或者管理职责的负责人、管理人员、实际控制人、投资人等人员。

本罪的主观方面要求是过失,即危害结果应当预见,却疏忽大意没有预见、已经预见到却轻信自己能避免。

本罪的客体是公共安全,即不特定、多数人的生命、健康或者重大公私财产安全。

本罪的客观方面表现为违反有关安全管理规定,因而发生重大伤亡事故或者造成其他严重后果。

3. 认定与量刑

在本罪的认定和量刑上,《两高安全生产案件解释》第6条规定,造成死亡

① 参见刘明祥:《刑法修正案(六)对安全事故犯罪的修改与补充》,载《人民检察》2006年第21期。

1 人以上或者重伤 3 人以上的,造成直接经济损失 100 万元以上的和其他造成严重后果或者重大安全事故的情形的,处 3 年以下有期徒刑或者拘役;第 7 条规定,造成死亡 3 人以上或者重伤 10 人以上,负事故主要责任的,造成直接经济损失 500 万元以上,负事故主要责任的和其他造成特别严重后果、情节特别恶劣或者后果特别严重的情形的,对相关责任人员,处 3 年以上 7 年以下有期徒刑。

除此之外,《两高安全生产案件解释》第 12 条还规定了“从重处罚的情形”,包括:未依法取得安全许可证件或者安全许可证件过期、被暂扣、吊销、注销后从事生产经营活动的;关闭、破坏必要的安全监控和报警设备的;已经发现事故隐患,经有关部门或者个人提出后,仍不采取措施的;1 年内曾因危害生产安全违法犯罪活动受过行政处罚或者刑事处罚的;采取弄虚作假、行贿等手段,故意逃避、阻挠负有安全监督管理职责的部门实施监督检查的;安全事故发生后转移财产意图逃避承担责任的;其他从重处罚的情形。

而对于“从轻处罚”,《两高安全生产案件解释》第 13 条规定,安全事故发生后积极组织、参与事故抢救,或者积极配合调查、主动赔偿损失的,可以酌情从轻处罚。

(四)强令违章冒险作业罪

1. 概念

强令违章冒险作业罪是指强迫他人违反有关安全方面的规定作业,因而发生重大伤亡事故或者造成其他严重后果的行为。本罪作为重大责任事故罪的一种特殊形式,较一般个体违反安全管理规定的犯罪,行为人采取强令违章冒险作业的行为方式的犯罪,情节更为恶劣,对公共安全的客观危害性更大,主观罪过更严重,因此也设定了更高的刑罚。

2. 犯罪构成

本罪的主体要件与重大责任事故罪相同,即对生产、作业负有组织、指挥或者管理职责的负责人、管理人员、实际控制人、投资人等人员。

本罪的主观方面要求是过失,即对强令他人违章作业的危害结果应当预见,却疏忽大意没有预见或者已经预见到却轻信能避免。

本罪的客体是公共安全,即不特定、多数人的生命、健康或者重大公私财产安全。

本罪的客观方面表现为生产、组织、指挥、管理人员凭借其在特定的社会关系中形成的特定地位,利用自己的职权或采取职权威胁之外的其他方法如暴力或非暴力手段,客观上对他人形成压力或不敢拒绝反抗的意志,强迫他人服从命令,在违章的情况下从事冒险作业,因而造成了重大伤亡事故或者其他严重后果。根据《两高安全生产案件解释》第5条的规定,“强令他人违章冒险作业”的行为包括:利用组织、指挥、管理职权,强制他人违章作业的;采取威逼、胁迫、恐吓等手段,强制他人违章作业的;故意掩盖事故隐患,组织他人违章作业的;其他强令他人违章作业的行为。而这里的“章”,应当包括职工违反国家颁布的各种与安全生产、作业有关的法律、法规和企业、事业单位及其上级管理机关制定的反映安全生产规律的规章制度。①

3. 认定与量刑

在本罪的认定和量刑上,根据《两高安全生产案件解释》第6条的规定,造成死亡1人以上或者重伤3人以上的,造成直接经济损失100万元以上的和其他造成严重后果或者重大安全事故的情形的,处3年以下有期徒刑或者拘役;根据《两高安全生产案件解释》第7条的规定,造成死亡3人以上或者重伤10人以上,负事故主要责任的,造成直接经济损失500万元以上,负事故主要责任的和其他造成特别严重后果、情节特别恶劣或者后果特别严重的情形的,对相关责任人员,处3年以上7年以下有期徒刑。

除此之外,《两高安全生产案件解释》第12条还规定了“从重处罚的情形”,包括:未依法取得安全许可证件或者安全许可证件过期、被暂扣、吊销、注销后从事生产经营活动的;关闭、破坏必要的安全监控和报警设备的;已经发现事故隐患,经有关部门或者个人提出后,仍不采取措施的;1年内曾因危害生产安全违法犯罪活动受过行政处罚或者刑事处罚的;采取弄虚作假、行贿等手段,故意逃避、阻挠负有安全监督管理职责的部门实施监督检查的;安全事故发生后转移财产意图逃避承担责任的;其他从重处罚的情形。

而对于“从轻处罚”,《两高安全生产案件解释》第13条规定,安全事故发生后积极组织、参与事故抢救,或者积极配合调查、主动赔偿损失的,可以酌情从轻处罚。

---

① 参见李赪:《强令违章冒险作业罪若干问题研究》,载《天中学刊》2009年第4期。

4. **本罪与重大责任事故罪的区分**

《刑法修正案(六)》将重大责任事故罪与强令违章冒险作业罪分别规定为第134条第1款和第2款。这两款之间,应当属于一般法与特殊法的关系。凡是在生产作业过程中,违反有关安全管理的规定,发生伤亡事故或造成其他严重后果的,以重大责任事故罪处理。但若在违反安全管理规定,造成严重后果的行为当中,如果采用了强令他人违章冒险作业的方式,就以强令违章冒险作业罪定罪处罚。也就是说,《刑法》第134条第1款是一般规定,第2款是特殊规定。强令他人违章冒险作业也是违反安全管理规定的表现形式之一,不应将其排除在《刑法》第134条第1款所规定的内容之外。但鉴于该罪在犯罪客观方面不同于重大责任事故罪,其危害更严重,故法定刑设定重于重大责任事故罪。这体现了罪责刑相适应的原则。①

(五)重大劳动安全事故罪

1. **概念**

重大劳动安全事故罪是指安全生产设施或者安全生产条件不符合国家规定,因而发生重大伤亡事故或者造成其他严重后果的行为。

2. **犯罪构成**

本罪的主体是指对安全生产设施或者安全生产条件不符合国家规定负有直接责任的生产经营单位负责人、管理人员、实际控制人、投资人,以及其他对安全生产设施或者安全生产条件负有管理、维护职责的人员。②

本罪的主观方面要求行为人存在过失,即行为人对发生重大伤亡事故应当预见但因疏忽大意而没有预见,或者因过于自信而轻信能够避免而发生重大劳动安全事故。

本罪的客体是公共安全,即不特定、多数人的生命、健康或者重大公私财产安全。

本罪的客观方面表现为工厂、矿山、林场、建筑企业或者其他企业、事业单位的劳动安全设施或者安全生产条件不符合国家规定,经有关部门或者职工提出

① 参见李赪:《强令违章冒险作业罪若干问题研究》,载《天中学刊》2009年第4期。

② 《两高安全生产案件解释》(法释〔2015〕22号)第3条。

后，单位不采取有效措施消除事故隐患或者虽采取了一定措施，但未消除事故隐患，因而造成重大伤亡事故或者其他严重损失的行为。

3. 认定与量刑

在本罪的认定和量刑上，根据《两高安全生产案件解释》第 6 条的规定，造成死亡 1 人以上或者重伤 3 人以上的，造成直接经济损失 100 万元以上的和其他造成严重后果或者重大安全事故的情形的，处 3 年以下有期徒刑或者拘役；根据第 7 条的规定，造成死亡 3 人以上或者重伤 10 人以上，负事故主要责任的，造成直接经济损失 500 万元以上，负事故主要责任的和其他造成特别严重后果、情节特别恶劣或者后果特别严重的情形的，对相关责任人员，处 3 年以上 7 年以下有期徒刑。

4. 本罪与重大责任事故罪的区别

本罪与重大责任事故罪都有重大事故的发生，并且行为人对重大事故的发生都是一种过失的心理态度，但两者有明显区别：(1)犯罪主体不同。本罪的犯罪主体是工厂、矿山、林场、建筑企业或者其他企业、事业单位负责主管与直接管理劳动安全设施的人员，一般不包括普通职工；重大责任事故罪的犯罪主体较重大劳动安全事故罪范围要广，包括工厂、矿山、林场、建筑企业或者其他企业、事业单位中的一般职工和在生产、作业中直接从事领导、指挥的人员。(2)客观方面不同。本罪必须具备对事故隐患不采取措施的行为，且这种事故隐患是不符合国家有关劳动安全的规定造成的，而重大责任事故罪主要是企事业单位职工不服从管理，违反规章制度，或者企事业单位管理人员强令工人违章冒险作业的行为。

(六)不报、谎报安全事故罪

1. 概念

根据《刑法修正案(六)》的规定，不报、谎报安全事故罪是指在安全事故发生后，负有报告职责的人员不报或者谎报安全事故发生的真实情况，以致贻误事故抢救，情节严重的行为。

2. 犯罪构成

本罪的犯罪主体是负有报告安全事故职责的人员，是指负有组织、指挥或者管理职责的负责人、管理人员、实际控制人、投资人,以及其他负有报告职责的人员。①

本罪的主观方面是一种极其复杂的罪过形式,既可以是过失,也可以是间接故意,甚至可以是直接故意。② 就本罪危害行为而言,不报或者谎报事故情况只能是故意的,如果相关责任人因为过失或者受客观情况限制而没有报告事故情况或者报告了不准确的事故情况,行为人主观上并没有逃避责任的目的和动机,③但是对于"贻误事故抢救",行为人主观上既可能是过失,也可能是故意,因此本罪主观方面的认定相对比较复杂。

本罪的客体不仅包括公共安全,即不特定或多数人的生命、健康或重大公司财产安全,还包括国家机关正常行政管理秩序。因为在发生安全事故之后,国家有具体的上报制度,而负有报告职责的相关人员不报、谎报安全事故就打乱了国家对这方面的管理,造成经济损失、人员伤亡。

本罪的客观方面表现为发生了安全事故后,负有组织、指挥或者管理职责的负责人、管理人员、实际控制人、投资人,以及其他负有报告职责的人员,故意隐瞒不上报或者上报了不真实的事故信息,致使贻误了事故抢救,情节达到了法定的标准。而本罪中的"贻误了事故抢救"主要是指不报或者瞒报的行为客观上造成事故抢救不及时,带来了更大的损失。众所周知,安全事故发生后,抢救活动开始的时间距离事故发生的时间越长,抢救的难度就越大,事故就越难得到控制,造成的损失就越巨大。所以,安全事故的及时上报是非常重要的。另外,因为事故的规模、性质等情况不同,需要采取的抢救方案、措施、投入的人力和物力都会有所不同,只有及时了解事故完整、真实、准确的信息,才能有针对性地采取程度相当的抢救方案和措施,有效地控制事故的后果,以避免事故后果扩大,减少抢救难度。④

3. 认定与量刑

因不报、谎报安全事故而贻误事故抢救,造成的损失有大有小,造成的社会

① 《两高安全生产案件解释》(法释〔2015〕22 号)第 4 条。

② 参见刘超捷:《论安全事故不报、谎报罪》,载《法学杂志》2007 年第 5 期。

③ 参见王鑫:《不报、谎报安全事故罪研究——以山西矿难为视角》,华东政法大学 2009 年硕士学位论文。

④ 参见王鑫:《不报、谎报安全事故罪研究——以山西矿难为视角》,华东政法大学 2009 年硕士学位论文。

危害也并不是无分大小，不能一概以犯罪论处。为了限制刑罚处罚的范围，立法中对本罪增加了情节上的要求，即“情节严重”和“情节特别严重”。情节是否达到刑罚处罚的标准，是罪与非罪的界限。

根据《两高安全生产案件解释》第8条的规定，导致事故后果扩大，增加死亡1人以上，或者增加重伤3人以上，或者增加直接经济损失100万元以上的，属于“情节严重”；实施下列行为之一，致使不能及时有效开展事故抢救的，也属于“情节严重”：(1)决定不报、迟报、谎报事故情况或者指使、串通有关人员不报、迟报、谎报事故情况的；(2)在事故抢救期间擅离职守或者逃匿的；(3)伪造、破坏事故现场，或者转移、藏匿、毁灭遇难人员尸体，或者转移、藏匿受伤人员的；(4)毁灭、伪造、隐匿与事故有关的图纸、记录、计算机数据等资料以及其他证据的。同时还规定了兜底条款，即其他情节严重的情形。

而“情节特别严重”的情形，是指：导致事故后果扩大，增加死亡3人以上，或者增加重伤10人以上，或者增加直接经济损失500万元以上的；采用暴力、胁迫、命令等方式阻止他人报告事故情况，导致事故后果扩大的；其他情节特别严重的情形。

除此之外，《两高安全生产案件解释》第12条还规定了“从重处罚的情形”，包括：未依法取得安全许可证件或者安全许可证件过期、被暂扣、吊销、注销后从事生产经营活动的；关闭、破坏必要的安全监控和报警设备的；已经发现事故隐患，经有关部门或者个人提出后，仍不采取措施的；1年内曾因危害生产安全违法犯罪活动受过行政处罚或者刑事处罚的；采取弄虚作假、行贿等手段，故意逃避、阻挠负有安全监督管理职责的部门实施监督检查的；安全事故发生后转移财产意图逃避承担责任的；其他从重处罚的情形。

而对于“从轻处罚”，《两高安全生产案件解释》第13条规定，安全事故发生后积极组织、参与事故抢救，或者积极配合调查、主动赔偿损失的，可以酌情从轻处罚。

二、破坏经济秩序类矿业犯罪

(一)偷税罪

1. 概念

偷税罪是指纳税人、扣缴义务人故意违反税收法规、采取伪造、变造、隐匿、擅自销毁账簿、记账凭证、在账簿上多列支出或者不列、少列收入、经税务机关通知申报而拒不申报或者进行虚假的纳税申报的手段,不缴或者少缴应缴纳税款,情节严重的行为。

2. 犯罪构成

偷税罪的主体是特殊主体,包括纳税人和扣缴义务人,是否取得营业执照并不是认定单位和个人是否为偷税罪主体的必要条件。

本罪的主观方面是故意,即纳税人或者扣缴义务人明知自己的行为会导致不缴或者少缴应纳税款的结果,而依然积极追求这种效果的实现。

本罪的客体是国家的税收征管的秩序和社会主义市场经济的正常秩序。

本罪的客观方面表现为违反国家税收法律、法规和采取各种欺骗、隐瞒手段逃避缴纳税额的行为且逃避缴纳税额的行为达到了"情节严重"的程度。根据《刑法修正案(七)》的规定,逃税行为主要概括为两类:第一类是"纳税人采取欺骗、隐瞒手段进行虚假纳税申报",在原有条文的基础上扩大了其涵盖的范围;第二类是"不申报",是指不向税务机关进行纳税申报的行为。根据主体的不同主要表现为以下两种行为方式:第一种针对的是已经领取工商营业执照的法人实体,具体行为方式为不到税务机关办理纳税申报或者报送代扣代缴、代收代缴税款报告表;第二种针对的是已经办理纳税申报的法人实体,这类实体有经营活动却不向税务机关申报或者经税务机关通知申报而拒不申报。①

3. 认定与量刑

根据《刑法》第201条的规定,纳税人采取欺骗、隐瞒手段进行虚假纳税申报或者不申报,逃避缴纳税款数额较大并且占应纳税额10%以上的,处3年以

---

① 参见柯欣:《偷税罪若干问题探讨》,载《延边党校学报》2011年第2期。

下有期徒刑或者拘役,并处罚金;数额巨大并且占应纳税额30%以上的,处3年以上7年以下有期徒刑,并处罚金。扣缴义务人采取前款所列手段,不缴或者少缴已扣、已收税款,数额较大的,依照前款的规定处罚。对多次实施前两款行为,未经处理的,按照累计数额计算。有第1款行为,经税务机关依法下达追缴通知后,补缴应纳税款,缴纳滞纳金,已受行政处罚的,不予追究刑事责任;但是,5年内因逃避缴纳税款受过刑事处罚或者被税务机关给予二次以上行政处罚的除外。

(二)非法吸收公众存款罪、集资诈骗罪和贷款诈骗罪

1. 非法吸收公众存款罪的构成与认定

非法吸收公众存款罪是指非法吸收公众存款或者变相吸收公众存款,扰乱金融秩序的行为。

本罪的主体是一般主体,主观方面是故意,客体是国家的金融管理秩序和市场经济的正常运行,客观方面表现为行为人非法吸收公众存款或者变相吸收公众存款,扰乱了金融秩序。

在本罪的认定方面,根据《刑法》第176条的规定,非法吸收公众存款或者变相吸收公众存款,扰乱金融秩序的,处3年以下有期徒刑或者拘役,并处或者单处2万元以上20万元以下罚金;数额巨大或者有其他严重情节的,处3年以上10年以下有期徒刑,并处5万元以上50万元以下罚金。

2. 集资诈骗罪的构成与认定

集资诈骗罪是指使用诈骗的方法,以非法占有为主要目的进行非法集资的行为,一般来说,非法集资的数额相对都比较大,这种行为对国家的金融秩序产生了非常严重的负面影响,对社会产生了严重的危害,侵犯了公私财产的所有权。

本罪的主体是一般主体,主观方面是故意,客体是国家正常金融管理秩序、市场经济运行秩序和公私财产所有权,客观方面表现为使用诈骗的方法,在进行非法集资的过程中,行为人在骗取他们资金的时候恶意隐瞒事实的真相,虚构原本的事实,实施诈骗犯罪的过程,因此在集资诈骗罪的构成中,诈骗是最基本的构成要素,如果没有诈骗,那么集资诈骗罪就不能成立。比如在骗取他们资金的时候虚构某一个投资项目或者是制造虚假证明文件,用高于银行利息的回报作

为诱饵引诱公众进行投资，对投资者进行欺骗。

在认定方面，根据《刑法》第 192 条的规定，以非法占有为目的，使用诈骗方法非法集资，数额较大的，处 5 年以下有期徒刑或者拘役，并处 2 万元以上 20 万元以下罚金；数额巨大或者有其他严重情节的，处 5 年以上 10 年以下有期徒刑，并处 5 万元以上 50 万元以下罚金；数额特别巨大或者有其他特别严重情节的，处 10 年以上有期徒刑或者无期徒刑，并处 5 万元以上 50 万元以下罚金或者没收财产。

3. **贷款诈骗罪的认定与构成**

贷款诈骗罪可以概括为：以非法占有为目的，违反金融法规的有关规定，采取伪造、引进资金项目、虚假经济合同等欺诈手段，欺骗金融机构及银行的贷款，金额比较多的行为。[①]

本罪的主体通常都是一般主体，就是年龄达到 16 周岁的有刑事责任能力的自然人；本罪的主观方面是故意，即要求行为人在进行贷款之时就明知自己是欺骗；本罪的客体除了有国家对银行等金融机构的贷款管理制度，还包括银行或者其他金融机构对所贷资金的所有权；本罪的客观方面表现为捏造一些虚假的内容，来欺骗银行以及金融机构贷款，金额比较大的情况。这中间比较多的情况：一是伪造一些虚假的项目进而伪造一些虚假的证明文件来进行诈骗贷款；诈骗贷款；二是伪造一些经济合同进行诈骗贷款；三是伪造一些虚假的证明文件来进行诈骗贷款；四是伪造一些虚假的产权或者重复担保进行诈骗贷款；五是其他方法的诈骗贷款。[②]

在本罪的认定方面，根据《刑法》第 193 条的规定，有下列情形之一，以非法占有为目的，诈骗银行或者其他金融机构的贷款，数额较大的，处 5 年以下有期徒刑或者拘役，并处 2 万元以上 20 万元以下罚金；数额巨大或者有其他严重情节的，处 5 年以上 10 年以下有期徒刑，并处 5 万元以上 50 万元以下罚金；数额特别巨大或者有其他特别严重情节的，处 10 年以上有期徒刑或者无期徒刑，并处 5 万元以上 50 万元以下罚金或者没收财产：编造引进资金、项目等虚假理由的；使用虚假的经济合同的；使用虚假的证明文件的；使用虚假的产权证明作担

---

① 参见付英山：《贷款诈骗罪的司法认定与立法完善》，载《人民法治》2018 年第 24 期。
② 参见付英山：《贷款诈骗罪的司法认定与立法完善》，载《人民法治》2018 年第 24 期。

保或者超出抵押物价值重复担保的;以其他方法诈骗贷款的。

(三)非法经营罪

1. 概念

非法经营罪是指违反国家规定,包括下列违法行为之一的犯罪:(1)法律、行政法规规定的特许经营、特许经营权或者其他限制项目的;(2)法律行政法规规定的买卖进出口许可证、进出口原产地证书、营业执照或者批准文件;(3)未经国家有关主管部门批准,非法从事证券、期货、保险业务,或者非法从事基金结算业务的(金融市场);(4)严重扰乱市场秩序的其他违反市场准入秩序行为,情节严重的。

2. 犯罪构成

本罪的主体是一般主体;客体是正常的市场经营秩序和国家对于市场秩序的维护;本罪的主观方面是故意;客观方面表现为具有法律、行政法规规定的特许经营、特许经营权或者其他限制项目的、法律行政法规规定的买卖进出口许可证、进出口原产地证书、营业执照或者批准文件、未经国家有关主管部门批准,非法从事证券、期货、保险业务,或者非法从事基金结算业务的(金融市场)以及严重扰乱市场秩序的其他违反市场准入秩序行为,情节严重的行为。

3. 本罪的认定和量刑

根据《刑法》第225条的规定,扰乱市场秩序,情节严重的,处5年以下有期徒刑或者拘役,并处或者单处违法所得1倍以上5倍以下罚金;情节特别严重的,处5年以上有期徒刑,并处违法所得1倍以上5倍以下罚金或者没收财产。

(四)串通投标罪

1. 概念

串通投标罪是指在工程、货物、服务等领域范围内进行招投标活动过程中,投标者相互暗中联通、联络或打通,对招标者或其他投标者的利益造成了损害,或招标者与投标者相互串通,对国家、集体、公民合法利益形成了损害,情节严重的行为。[1]

---

① 参见聂艳红:《串通投标罪若干疑难问题研究》,华东政法大学2017年硕士学位论文。

2. 犯罪构成

本罪的主体是招标人与投标人,《招标投标法》第 8 条规定:“招标人是依照本法规定提出招标项目、进行招标的法人或者其他组织。”第 25 条规定:“投标人是响应招标、参加投标竞争的法人或者其他组织。依法招标的科研项目允许个人参加投标的,投标的个人适用本法有关投标人的规定。”

本罪的主观方面是故意,即行为人明知自己的行为属于串通投票但是依然积极追求相关的效果。

本罪的客体是招投标的秩序和国家市场经济公平竞争的秩序。

本罪的客观方面表现为“串通投标”,主要包括以下几个方面:

投标者与招标者串通,透露信息。在招标投标过程中,招标者与某一投标者或者多个投标者之间相互勾结、联系、穿透,采用透露信息等非法手段,让投标者获得信息与资源优势,最终让内定投标者以掌握商业秘密等关键信息取得竞争的有利地位。中标与否的关键在于所投的标书技术信息和商业信息,如果提前掌握其他竞争者的投标信息,在参考其他投标人的商业信息的基础上制定更有竞争优势的标书,将极大地提高中标的概率。

招标人让特定投标人低价中标,事后给予补偿。招标人开展招投标的目的在于以最低的价格购买到最优质的服务或者资源,因而投标人的价格越低越容易取得标的。但在实际生活中,不时有投标人以很少的价钱乃至少于本钱的价格获得对象,过后再经过变化合约价款,加多变换、签证等方法,使本身获得更多的利润。串通者往往采取此类方式而获得标的,中标者通常不会想方设法地做好工程和保障质量,反而是将心思集中于如何实现偷工减料、变相加价等不正当途径上,最终可能会导致大量的“楼歪歪、墙脆脆”等不合格豆腐渣工程,甚至出现工程建成之日就是大修之日。

投标人之间协议围标。鉴于投标者之间往往属于同一行业,个体或者单位之间一般互相认识或者熟悉,使用“投标联盟”“陪标给予陪标费”“轮流坐庄给予好处费”等形式串通投标,从而获得竞争优势,已达到压制其他投标人的目的,最终实现掌控中标价格与中标结果,然后按照协议约定分配利润或好处费,往往会给中标者带来比公平竞争参与获得更多的利益。因此,此种方式在串通投标形式中最为盛行。一般围标分为两种形式:一种为联系其他单位帮助围标,事后给予好处费;另一种为挂靠或者借用其他单位资质,挂靠多家单位参与投标实际上为一人控制。

投标者相互协同提高价钱或降低标价,对招标方的利益形成侵害。为防止泄露标底,某些招标者采纳无标底招标或复合标底投标这种方式同样也给投标人串通投标带来了可乘之机,串通者之间协调好利益分配,然后沆瀣一气控制标价,获取不法利益。

挂靠垄断,对其他投标者或招标者的合法利益造成损害。挂靠垄断是指个人或者企业通过挂靠其他企业或分支机构,以其他机构的名义进行投标,提高中标概率,形成实质的垄断,从而获得高额利润。挂靠垄断是一种严重限制竞争的行为,通过独占,获得不法收入。

招标者和投标者互相勾通、联结,招标者经过对内定投标者泄露标底、技术指标参数等关键商业信息的方法,让串通投标者得到竞争优势。同时,私自篡改招标条件或者评标办法。通过此种方式,提高特定投标人中标的可能性。

利用行政力量,进行串通投标者采取金钱、珍贵物品等方式进行行贿,利用行政力量干预招投标工程的公平、平等展开,一些国家机关工作人员或者党的领导干部就会使用手中的权力违法违规行使决策权或者审批权,让行贿者获得竞争优势或者获得工程的标的。通常情况下,采取此类行为方式进行串通投标,其特征为隐蔽性极强。这种行为方式不仅对招投标活动诚实守信的竞争秩序造成了很大的坏影响,也会对国家工作人员职务的廉洁性与纯洁性造成极大地损害。

投标者和招标者互相串通,招标者或招标代理机构采取将应招标的工程项目化整为零从而达到规避招标的目的,本来属于公开招标的工程项目变为邀请招标的方式,采取在招标文件中设定不合理、不对等条款限制或压制其他投标者,已达到让特定投标者中标的目的。在招标、投标、开标、评标、中标五个环节里设置不合理条件,实行差别待遇。①

3. 认定和量刑

投标人相互串通投标报价,损害招标人或者其他投标人利益,情节严重的,处3年以下有期徒刑或者拘役,并处或者单处罚金。

投标人与招标人串通投标,损害国家、集体、公民的合法利益的,依照前款的

---

① 参见聂艳红:《串通投标罪若干疑难问题研究》,华东政法大学2017年硕士学位论文。

规定处罚。

三、侵犯公司、企业财产类矿业犯罪

（一）职务侵占罪、贪污罪

1. 职务侵占罪的犯罪构成与定罪量刑

职务侵占罪作为一种经济型犯罪，主要是指那些在公司中具有特定身份的员工，利用其在职务上的便利，将单位财产占为己有的行为，是一种比较典型的职务性犯罪。

职务侵占罪一般由以下要件构成：

主体要件。在主体要件方面，职务侵占罪的犯罪主体是在企业、公司或者其他单位中从事“公务”的人员，但是由于在国有公司、企业或者其他单位中工作的工作人员以国家工作人员来看待，上述人员若是实施了利用自己职务上的便利条件，非法占有本单位财产性利益的行为，可以《刑法》第 382 条贪污罪之规定的犯罪构成来论处。[①]

主观方面要件。在主观方面，职务侵占罪要求行为人具有直接故意，即行为人在占有公共财产的时候，明知道自己的这种行为是违法的，但还是故意地利用自己职务上的便利将其占为己有。

客体要件。在客体要件方面，职务侵占罪所侵犯的客体是公司、企业或者其他单位的财产所有权。

客观方面要件。在客观方面要件上，职务侵占罪表现为利用其在职务上的便利，将单位财产非法占为己有的行为。其中，“利用职务上的便利”主要表现为在公司、企业或单位中具有特定身份的员工，利用其在企业、公司、单位中的领导权和指挥权等方面的便利；“将单位财产非法占为己有”则主要表现为行为人将在其控制或支配以及管理下的单位的财产性利益非法占为己有（侵吞）、将管理、主管或经手的单位范围以内的财产性利益在秘密情况下将之占为己有（窃取）或者虚构事实真相或者隐瞒真相事实，将单位财产性利益骗取到个人手中

---

① 参见何光熙：《论职务侵占罪的司法认定——以王某某职务侵占案为例》，西南科技大学 2018 年硕士学位论文。

的犯罪行为(骗取)。

在定罪量刑方面,根据《刑法》第 271 条的规定,数额较大的,处 5 年以下有期徒刑或者拘役;数额巨大的,处 5 年以上有期徒刑,可以并处没收财产。

2. 贪污罪的犯罪构成与定罪量刑

贪污罪是指国家工作人员利用职务上的便利,侵吞、窃取、骗取或者以其他手段非法占有公共财物的行为。同时,根据《刑法》第 271 条第 2 款和第 382 条第 2 款的规定,国有公司、企业或者其他国有单位委派到非国有公司、企业以及其他单位从事公务的人员,利用职务上的便利,将本单位财物非法占为己有,数额较大的以及受国家机关、国有公司、企事业单位、人民团体委托管理、经营国有财产的人员,利用职务上的便利,侵吞、窃取、骗取或者以其他手段非法占有国有财物的,同样构成贪污罪。

贪污罪一般由以下要件构成:

主体要件。构成贪污罪的主体是国家工作人员、国有公司、企业或者其他国有单位委派到非国有公司、企业以及其他单位从事公务的人员和受国家机关、国有公司、企事业单位、人民团体委托管理、经营国有财产的人员和其他依法从事公务的人员。其中,“国家工作人员”是指国家机关中从事公务的人员和国有公司、企事业单位、人民团体中从事公务的人员;其他依法从事公务的人员包括受托依法从事公务的人员,这主要是指非国家工作人员受国家机关或其他国有单位委托从事某种公务活动的人员以及农村的村民委员会等基层组织的人员在救灾、抢险、防汛、优抚、移民、救济款物的管理和发放、社会捐助公益事业款物的管理和发放、土地的经营、宅基地的管理、土地征用补偿费用的管理和发放、代征、代缴税款、计划生育、户籍、征兵工作和协助政府从事其他工作时具有从事公务人员的身份。①

主观方面要件。贪污罪的主观方面要件是直接故意,即行为人在占有公共财产的时候,明知道自己的这种行为是违法的,但还是故意的利用自己职务上的便利将其占为己有。

客体要件。贪污罪的所侵犯的客体是国家对公共财产的所有权。

① 全国人民代表大会常务委员会《关于〈中华人民共和国刑法〉第九十三条第二款的解释》,第九届全国人民代表大会常务委员会第 15 次会议通过,2000 年 4 月 29 日。

客观方面要件。贪污罪的客观要件主要表现为利用其在职务上的便利,将单位财产非法占为己有的行为。其中,“利用职务上的便利”主要表现为在国家机关、国有公司、企事业单位、人民团体或者受委托时具有特定身份的人,利用其在国家机关、国有公司、企事业单位、人民团体中的领导权和指挥权等方面的便利;“将财产非法占为己有”则主要表现为行为人将在其控制或支配以及管理下的单位的财产性利益非法占为己有(侵吞)、将管理、主管或经手的单位范围以内的财产性利益在秘密情况下将之占为己有(窃取)或者虚构事实真相或者隐瞒真相事实,将公共财物骗取到个人手中的犯罪行为(骗取)。

在定罪量刑方面,根据《刑法》第383条的规定,贪污数额较大或者有其他较重情节的,处3年以下有期徒刑或者拘役,并处罚金;贪污数额巨大或者有其他严重情节的,处3年以上10年以下有期徒刑,并处罚金或者没收财产;贪污数额特别巨大或者有其他特别严重情节的,处10年以上有期徒刑或者无期徒刑,并处罚金或者没收财产;数额特别巨大,并使国家和人民利益遭受特别重大损失的,处无期徒刑或者死刑,并处没收财产;对多次贪污未经处理的,按照累计贪污数额处罚。犯第1款罪,在提起公诉前如实供述自己罪行、真诚悔罪、积极退赃,避免、减少损害结果的发生,有第1项规定情形的,可以从轻、减轻或者免除处罚;有第2项、第3项规定情形的,可以从轻处罚。犯第1款罪,有第3项规定情形被判处死刑缓期执行的,人民法院根据犯罪情节等情况可以同时决定在其死刑缓期执行2年期满依法减为无期徒刑后,终身监禁,不得减刑、假释。

3. 职务侵占罪与贪污罪的区别

由于贪污罪与职务侵占罪的客观方面都为利用职务上的便利,实施非法占有公私财物行为,且主观方面都为故意,都以非法占有公私财物为目的。二者的区别主要在于犯罪主体及犯罪客体方面:①

(1)主体方面的区别。职务侵占罪的犯罪主体是在企业、公司或者其他单位中从事“公务”的人员。贪污罪的主体相对复杂,包括国家工作人员、国有公司、企业或者其他国有单位委派到非国有公司、企业以及其他单位从事公务的人员和受国家机关、国有公司、企事业单位、人民团体委托管理、经营国有财产的人员和其他依法从事公务的人员。其中,“国家工作人员”是指国家机关中从事公

① 参见王峰:《职务侵占罪与贪污罪之区分》,载《经济研究导刊》2009年第31期。

务的人员和国有公司、企事业单位、人民团体中从事公务的人员；其他依法从事公务的人员包括受托依法从事公务的人员，这主要是指非国家工作人员受国家机关或其他国有单位委托从事某种公务活动的人员以及农村的村民委员会等基层组织的人员在救灾、抢险、防汛、优抚、移民、救济款物的管理和发放、社会捐助公益事业款物的管理和发放、土地的经营、宅基地的管理、土地征用补偿费用的管理和发放、代征、代缴税款、计划生育、户籍、征兵工作和协助政府从事其他工作时具有从事公务人员的身份。[①]

(2)客体方面的区别。在犯罪客体方面，职务侵占罪所侵犯的客体是公司、企业或者其他单位的财产所有权；贪污罪的犯罪客体则是国家对公共财产的所有权。很明显，二者侵犯的财产的所有权主体和财产的性质是不一样的，贪污罪更加强调财产的公共性。

(二)挪用资金罪

1. 概念

挪用资金罪是指公司、企业或者其他单位的工作人员，利用职务上的便利，挪用本单位资金归个人使用或者借贷给他人使用，数额较大、超过 3 个月未还的，或者虽未超过 3 个月，但数额较大、进行营利活动的，或者进行非法活动的行为。[②]

2. 犯罪构成

主体要件。挪用资金罪的犯罪主体是特殊主体，必须是公司、企业或者其他单位的工作人员。国有公司、企业或者其他国有单位中从事公务的人员和国有公司、企业或者其他国有单位委派到非国有公司、企业以及其他单位从事公务的人员，利用职务上的便利，挪用本单位资金，符合挪用公款罪的构成要件时，构成的是挪用公款罪。银行或者其他金融机构的工作人员(国有金融机构工作人员和国有金融机构委派到非国有金融机构从事公务的人员除外)，利用职务上的便利，挪用本单位或者客户资金的，依照挪用资金罪定罪处罚。另根据最高人民

① 全国人民代表大会常务委员会《关于〈中华人民共和国刑法〉第九十三条第二款的解释》，第九届全国人民代表大会常务委员会第 15 次会议通过，2000 年 4 月 29 日。

② 参见雷山漫：《挪用资金罪构成要件若干问题研析》，载《武汉船舶职业技术学院学报》2006 年第 6 期。

法院2000年2月16日《关于对受委托管理、经营国有财产人员挪用国有资金行为如何定罪问题的批复》，对于受国家机关、国有公司、企业、事业单位、人民团体委托，管理、经营国有财产的非国家工作人员，利用职务上的便利，挪用国有资金归个人使用构成犯罪的，应当以挪用资金罪定罪处罚。①

主观方面要件。挪用资金罪的主观方面要求行为人存在主观故意，即行为人在挪用资金的时候，明知自己的行为是违法的，依然积极利用职务上的便利，将资金挪作他用。

客体要件。挪用资金罪侵犯的客体是公司、企业或其他单位的财产所有权。

客观方面要件。挪用资金罪在客观方面上表现为利用职务上的便利，挪用本单位资金归个人使用或者借贷给他人的行为，即行为人利用职务上的便利，未经合法批准手续而擅自将所主管、管理、经手的本单位资金归个人使用或者借贷给他人，并准备归还，但是数额较大、超过3个月未还或者虽未超过3个月，但数额较大，并进行营利活动的以及挪用资金进行非法活动的。

3. 定罪与量刑

根据《刑法》第272条的规定，挪用本单位资金归个人使用或者借贷给他人，数额较大、超过3个月未还的，或者虽未超过3个月，但数额较大、进行营利活动的，或者进行非法活动的，处3年以下有期徒刑或者拘役；挪用本单位资金数额巨大的，或者数额较大不退还的，处3年以上10年以下有期徒刑。

（三）破坏生产经营罪

1. 概念

破坏生产经营罪是指行为人由于泄愤报复或者其他个人目的，毁坏机器设备、残害耕畜或者以其他方法破坏正常生产经营的行为。

2. 犯罪构成

主体要件。破坏生产经营罪的主体是一般主体，即年满16周岁的自然人。

主观方面要件。破坏生产经营罪的主观方面是故意，即行为人明知自己的行为会毁坏机器设备、残害耕畜进而影响正常的生产经营，但是依然积极追求这

① 参见雷山漫：《挪用资金罪构成要件若干问题研析》，载《武汉船舶职业技术学院学报》2006年第6期。

样的结果。本罪在犯罪目的上有其特别要求，即行为人是出于泄愤报复或者其他个人目的。

客体要件。破坏生产经营罪的客体是具有营利目的的生产经营，本罪所指的生产经营行为应有所限制，不应包括不能获取利润的文化活动、慈善活动等。那些不以获取利润为目的的单位是不能被包括在本罪的破坏之列的。[1]

客观方面要件。破坏生产经营罪的客观方面表现为行为人由于泄愤报复或者其他个人目的，毁坏机器设备、残害耕畜或者以其他方法破坏正常生产经营的行为。本罪中的“破坏”是指对生产经营活动的正常秩序进行扰乱的行为，其标准应该是是否使生产经营活动蕴含的经济利益遭受实质性损失；破坏生产经营的行为方式有毁坏机器设备、残害耕畜或者其他方法，“毁坏机器设备”是指毁坏工业生产的资料和工具，“残害耕畜”是指毁坏农业生产的资料和工具。值得注意的是，毁坏行为要具有破坏生产经营的机能，否则属于本罪的毁坏。此外所毁坏的对象必须是与生产经营活动有密切联系的生产经营物资，可以是直接用于生产经营活动，也可以是作为辅助设施或外围设施而存在。例如，破坏种子、秧苗；毁坏庄稼、果树；制造设备事故或者质量事故；毒害农场养殖的各种动物；毁坏设计图纸；等等。[2]

3. 定罪与量刑

根据《刑法》第 276 条的规定，由于泄愤报复或者其他个人目的，毁坏机器设备、残害耕畜或者以其他方法破坏生产经营的，处 3 年以下有期徒刑、拘役或者管制；情节严重的，处 3 年以上 7 年以下有期徒刑。

四、与矿业有关的破坏环境类犯罪

（一）污染环境罪

1. 概念

污染环境罪是指违反国家规定，排放、倾倒或者处置有放射性的废物、含传染病病原体的废物、有毒物质或者其他有害物质，造成环境严重污染的行为。

---

① 参见何明洁：《破坏生产经营罪研究》，载《现代经济信息》2018 年第 3 期。

② 参见何明洁：《破坏生产经营罪研究》，载《现代经济信息》2018 年第 3 期。

2. **犯罪构成**

主体要件。污染环境罪的主体是一般主体，即年满16周岁的自然人，单位也是本罪的主体。因行业生产的特殊性，矿业企业是触犯此罪的常见主体。

主观方面要件。污染环境罪的主观方面是故意，即行为人明知自己的污染行为会对环境造成难以预计的损害，而继续实施污染行为并放任严重污染环境等危害结果的发生。

客体要件。污染环境罪所保护的客体是生态环境和国家对于生态环境保护的制度。

客观方面要件。污染环境罪的客观方面表现为行为人积极对自然环境进行"排放、倾倒和处置"的行为（如从事探矿、采矿、选矿或冶炼工作的企业排放、倾倒和处置选矿废渣和废液的行为）。排放是指通过排泄放出、释放等方式将污染物置于自然环境中的行为，倾倒是指通过运输工具以人为的方式将污染物置于某一空间进而污染环境的行为，处置是指加工处理不符合环保标准的废弃物从而污染环境的行为。该罪不作为的表现方式为犯罪行为人实施了大量排放污染物、过度开采资源等破坏环境的行为，行为人能够排除妨害、停止侵害而没有履行其应当履行的义务，从而导致了危害结果的发生。通过《刑法》第338条的规定可以看出，"违反国家规定"是构成污染环境犯罪成立的首要前提，即该罪的行为违法性是指"违反国家规定"。国家规定是指国家有关部门出台的一系列环境保护的相关行政法规，这意味着行为人的危害行为只有违反了我国环境保护的相关行政法规，造成了污染环境的严重后果，才能违反《刑法》进而构成犯罪。①

3. **定罪与量刑**

根据《刑法》第338条的规定，违反国家规定，排放、倾倒或者处置有放射性的废物、含传染病病原体的废物、有毒物质或者其他有害物质，严重污染环境的，处3年以下有期徒刑或者拘役，并处或者单处罚金；后果特别严重的，处3年以上7年以下有期徒刑，并处罚金。

根据《最高人民法院、最高人民检察院关于办理环境污染刑事案件适用法律若干问题的解释》（法释〔2016〕29号）第1条的规定，下列行为属于《刑法》第

---

① 参见申姗姗：《污染环境罪若干问题研究》，郑州大学2019年硕士学位论文。

338 条规定的“严重污染环境”:在饮用水水源一级保护区、自然保护区核心区排放、倾倒、处置有放射性的废物、含传染病病原体的废物、有毒物质的;非法排放、倾倒、处置危险废物 3 吨以上的;排放、倾倒、处置含铅、汞、镉、铬、砷、铊、锑的污染物,超过国家或者地方污染物排放标准 3 倍以上的;排放、倾倒、处置含镍、铜、锌、银、钒、锰、钴的污染物,超过国家或者地方污染物排放标准 10 倍以上的;通过暗管、渗井、渗坑、裂隙、溶洞、灌注等逃避监管的方式排放、倾倒、处置有放射性的废物、含传染病病原体的废物、有毒物质的;2 年内曾因违反国家规定,排放、倾倒、处置有放射性的废物、含传染病病原体的废物、有毒物质受过 2 次以上行政处罚,又实施前列行为的;重点排污单位篡改、伪造自动监测数据或者干扰自动监测设施,排放化学需氧量、氨氮、二氧化硫、氮氧化物等污染物的;违法减少防治污染设施运行支出 100 万元以上的;违法所得或者致使公私财产损失 30 万元以上的;造成生态环境严重损害的;致使乡镇以上集中式饮用水水源取水中断 12 小时以上的;致使基本农田、防护林地、特种用途林地 5 亩以上,其他农用地 10 亩以上,其他土地 20 亩以上基本功能丧失或者遭受永久性破坏的;致使森林或者其他林木死亡 50 立方米以上,或者幼树死亡 2500 株以上的;致使疏散、转移群众 5000 人以上的;致使 30 人以上中毒的;致使 3 人以上轻伤、轻度残疾或者器官组织损伤导致一般功能障碍的;致使 1 人以上重伤、中度残疾或者器官组织损伤导致严重功能障碍的;其他严重污染环境的情形。

根据《最高人民法院、最高人民检察院关于办理环境污染刑事案件适用法律若干问题的解释》(法释〔2016〕29 号)第 3 条的规定,下列行为属于《刑法》第 338 条规定的“后果特别严重”:致使县级以上城区集中式饮用水水源取水中断 12 小时以上的;非法排放、倾倒、处置危险废物 100 吨以上的;致使基本农田、防护林地、特种用途林地 15 亩以上,其他农用地 30 亩以上,其他土地 60 亩以上基本功能丧失或者遭受永久性破坏的;致使森林或者其他林木死亡 150 立方米以上,或者幼树死亡 7500 株以上的;致使公私财产损失 100 万元以上的;造成生态环境特别严重损害的;致使疏散、转移群众 15,000 人以上的;致使 100 人以上中毒的;致使 10 人以上轻伤、轻度残疾或者器官组织损伤导致一般功能障碍的;致使 3 人以上重伤、中度残疾或者器官组织损伤导致严重功能障碍的;致使 1 人以上重伤、中度残疾或者器官组织损伤导致严重功能障碍,并致使 5 人以上轻伤、轻度残疾或者器官组织损伤导致一般功能障碍的;致使 1 人以上死亡或者重度残疾的;其他后果特别严重的情形。

根据《最高人民法院、最高人民检察院关于办理环境污染刑事案件适用法律若干问题的解释》(法释〔2016〕29 号)第 4 条的规定,具有下列情形之一的,应当从重处罚:阻挠环境监督检查或者突发环境事件调查,尚不构成妨害公务等犯罪的;在医院、学校、居民区等人口集中地区及其附近,违反国家规定排放、倾倒、处置有放射性的废物、含传染病病原体的废物、有毒物质或者其他有害物质的;在重污染天气预警期间、突发环境事件处置期间或者被责令限期整改期间,违反国家规定排放、倾倒、处置有放射性的废物、含传染病病原体的废物、有毒物质或者其他有害物质的;具有危险废物经营许可证的企业违反国家规定排放、倾倒、处置有放射性的废物、含传染病病原体的废物、有毒物质或者其他有害物质的。

根据《最高人民法院、最高人民检察院关于办理环境污染刑事案件适用法律若干问题的解释》(法释〔2016〕29 号)第 5 条的规定,刚达到应当追究刑事责任的标准,但行为人及时采取措施,防止损失扩大、消除污染,全部赔偿损失,积极修复生态环境,且系初犯,确有悔罪表现的,可以认定为情节轻微,不起诉或者免予刑事处罚;确有必要判处刑罚的,应当从宽处罚。

(二)非法占用农用地罪

1. 概念

非法占用农用地罪是指违反土地管理法规,非法占用耕地、林地等农用地,改变被占用土地用途,数量较大,造成耕地、林地等农用地大量毁坏的行为。

2. 犯罪构成

主体要件。非法占用农用地罪的主体为一般主体,自然人和单位皆可成为本罪的犯罪主体。矿业企业是此类犯罪常见的主体之一。

主观方面要件。本罪的主观方面要求是故意,即行为人明知实施非法占用以及变更土地的用途是毁坏土地,希望并且放任该行为的发生。

客体要件。本罪所保护的客体是国家对土地资源特别是农用地保护的管理制度。

客观方面要件。本罪的客观方面表现为违反土地管理法规,非法占用耕地、林地等农用地,改变被占用土地用途,数量较大,造成耕地、林地等农用地大量毁坏的行为。

3. **定罪与量刑**

根据《刑法》第 342 条的规定,违反土地管理法规,非法占用耕地、林地等农用地,改变被占用土地用途,数量较大,造成耕地、林地等农用地大量毁坏的,处 5 年以下有期徒刑或者拘役,并处或者单处罚金。

根据《最高人民法院关于审理破坏土地资源刑事案件具体应用法律若干问题的解释》(法释〔2000〕14 号)第 3 条的规定,非法占用耕地"数量较大",是指非法占用基本农田 5 亩以上或者非法占用基本农田以外的耕地 10 亩以上;非法占用耕地"造成耕地大量毁坏",是指行为人非法占用耕地建窑、建坟、建房、挖沙、采石、采矿、取土、堆放固体废弃物或者进行其他非农业建设,造成基本农田 5 亩以上或者基本农田以外的耕地 10 亩以上种植条件严重毁坏或者严重污染。

(三)非法采伐、毁坏珍贵树木或者国家重点保护植物罪

1. **概念**

非法采伐、毁坏珍贵树木或者国家重点保护植物罪是指违反国家规定,非法采伐、毁坏珍贵树木或者国家重点保护的其他植物的行为。

2. **犯罪构成**

主体要件。本罪的犯罪主体是一般主体,既可以是自然人,也可以是单位。某些矿山企业及其负责人出于追求经济利益的动机,会触犯此罪。

主观方面。本罪的主观方面是直接故意,即明知自己非法采伐和毁坏,且采伐或者毁坏的是珍贵树木或者国家重点保护的植物,还主动追求行为结果的发生。

客体要件。本罪的客体要件是国家对珍贵树木或者重点保护植物的保护和管理制度。

客观方面要件。本罪的客观方面表现为行为人违反国家规定,非法采伐、毁坏珍贵树木或者国家重点保护的其他植物的行为。

3. **定罪与量刑**

根据《刑法》第 344 条的规定,违反国家规定,非法采伐、毁坏珍贵树木或者国家重点保护的其他植物的,处 3 年以下有期徒刑、拘役或者管制,并处罚金;情节严重的,处 3 年以上 7 年以下有期徒刑,并处罚金。

根据《刑法》第346条的规定，单位犯本罪的，对单位判处罚金，并对其直接负责的主管人员和其他直接责任人员，依照本节各条的规定处罚。

(四)滥伐林木罪

1. 概念

滥伐林木罪是指违反《森林法》规定，未经林业行政主管部门及法律规定的其他主管部门批准并核发采伐许可证，或者虽持有采伐许可证，但违背采伐许可证所规定的地点、数量、树种、方式等任意采伐本单位所有或管理的，以及本人自留山上的森林或者其他林木，数量较大的行为。

2. 犯罪构成

主体要件。本罪的犯罪主体是一般主体，既可以是自然人，也可以是单位。自然人包括达到刑事责任年龄、有刑事责任能力的一般公民；单位既可以是林业部门本身或者其所属的单位，也可以是其他任何所有权性质的或合伙的对森林或者林木资源具有所有权的单位。① 矿山企业是此罪常见的犯罪主体之一。

主观方面要件。本罪的主观上表现为故意。既可以是直接故意，即明知滥伐行为会侵害国家的林业管理活动，却故意实施这种行为，以追求其行为对法律所保护的客体受到侵害结果的发生；也可以是间接故意，即行为人明知自己的滥伐行为是违反《森林法》的有关规定，并会发生破坏森林资源的结果，但是对这种结果采取放任的态度。

客体要件。本罪侵犯的客体是国家对林木资源的保护和管理制度。

客观方面要件。本罪的客观方面表现：(1)违法要件。构成本罪必须以行为具有违法性为前提条件，即违反《森林法》及其他森林保护法规的有关禁止性规定，具体是指违反采伐林木应经有关部门批准，在批准的范围内进行采伐的法律规定。(2)行为要件。本罪客观上的具体表现方式：滥伐林木的行为，即违反《森林法》的规定未经林业行政主管部门批准并核发采伐许可证，或者虽持有采伐许可证，但违背采伐许可证所规定的地点、数量、树种、方式而任意采伐本单位所有或管理的，以及本人自留山上的森林或者其他林木数量较大的行为。(3)数量要件。行为人滥伐林木达到“数量较大”的标准，方可构成本罪，此为构

---

① 参见张盛泉、周庆举：《论滥伐林木罪的构成特征及认定》，载《现代交际》2009年第10期。

成本罪的必备条件。所谓“数量较大”，根据司法实践和有关解释的规定，“数量较大”的起点：在林区滥伐林木的一般掌握在 10 立方米 ~ 20 立方米或幼树 500 株 ~ 1200 株；在非林区盗伐一般掌握在 5 立方米 ~ 10 立方米或幼树 250 株 ~ 600 株，或者相当于上述损失。[①]

3. 定罪与量刑

根据《刑法》第 345 条第 2 款的规定，违反《森林法》的规定，滥伐森林或者其他林木，数量较大的，处 3 年以下有期徒刑、拘役或者管制，并处或者单处罚金；数量巨大的，处 3 年以上 7 年以下有期徒刑，并处罚金。

---

① 参见张盛泉、周庆举：《论滥伐林木罪的构成特征及认定》，载《现代交际》2009 年第 10 期。

第七章　矿业权相关行政法律风险防范和权利救济

第一节　矿业权行政审批

一、矿业权行政审批流程

矿业权行政审批主要涉及探矿权的审批和采矿权的审批,二者的行政审批主要依据《行政许可法》《矿产资源法》《矿产资源法实施细则》《矿产资源勘查区块登记管理办法》《矿产资源开采登记管理办法》等法律和行政法规中的规定进行。作为探矿权申请者和开采权申请者的行政相对人,需要按照规定提供相应的材料,作为相关审批的受理和决定机关的行政机关,需要严格依据相关的规定进行矿业权行政审批的受理与决定,既有实体性的规范,也有程序性的约束。一旦行政审批机关的相关行为违反了实体性或者程序性的规定,行政相对人可通过行政复议、行政诉讼的途径进行救济。

(一)矿业权行政审批的申请

作为一项行政许可,矿业权行政审批的起点是申请人向审批机关提出矿业权审批的申请,那么,“向谁申请”以及“提供哪些材料”就成为申请人需要明确的内容。

1. 向谁申请

对于探矿权申请人而言,根据《矿产资源勘查区块登记管理办法》的规定,如果申请勘探跨省、自治区、直辖市的矿产资源以及领海及中国管辖的其他海域的矿产资源、外商投资勘查的矿产资源和《矿产资源勘查区块登记管理办法》附录中明确列明的矿产的,应当向国务院地质矿产主管部门提出申请;而上述规定以外的矿产资源的勘探以及国务院地质矿产主管部门授权省、自治区、直辖市人民政府地质矿产主管部门审批登记的矿产资源的勘探许可申请,由省一级地质矿产主管部门负责。除此之外,勘查石油、天然气矿产的,经国务院指定的机关审查同意后,由国务院地质矿产主管部门登记,颁发勘查许可证。

对于采矿权申请人而言,根据《矿产资源开采登记管理办法》的规定,如果申请开采国家规划矿区和对国民经济具有重要价值的矿区内的矿产资源、领海及中国管辖的其他海域的矿产资源或者外商投资开采的矿产资源、《矿产资源开采登记管理办法》附录所列的矿产资源,需要向国务院地质矿产主管部门提出申请;开采石油、天然气矿产的,经国务院指定的机关审查同意后,由国务院地质矿产主管部门登记,颁发采矿许可证;如果申请开采国家规划矿区和对国民经济具有重要价值的矿区内的矿产资源、领海及中国管辖的其他海域的矿产资源以外的矿产储量规模中型以上的矿产资源以及国务院地质矿产主管部门授权省、自治区、直辖市人民政府地质矿产主管部门审批登记的矿产资源的,向省、自治区、直辖市人民政府地质矿产主管部门申请;除此之外的申请,应当提交给由县级以上地方人民政府负责地质矿产管理工作的部门;如果矿区范围跨县级以上行政区域的,则需要向所涉及行政区域的共同上一级登记管理机关进行申请。

2. 需要提交的申请材料

根据《矿产资源勘查区块登记管理办法》的规定,探矿权申请人在申请探矿权时应当提交的材料包括:申请登记书和申请的区块范围图;勘查单位的资格证书复印件;勘查工作计划、勘查合同或者委托勘查的证明文件;勘查实施方案及附件;勘查项目资金来源证明;国务院地质矿产主管部门规定提交的其他资料。申请勘查石油、天然气的,还应当提交国务院批准设立石油公司或者同意进行石油、天然气勘查的批准文件以及勘查单位法人资格证明。

在探矿权申请中,还有一种情况是申请石油、天然气滚动勘探开发的,在这样的情况下,申请人应当提交的材料包括:申请登记和滚动勘探开发矿区范围图;国务院计划主管部门批准的项目建议书;需要进行滚动勘探开发的论证材料;经国务院矿产储量审批机构批准进行石油、天然气滚动勘探开发的储量报告;滚动勘探开发利用方案。

以上是探矿权申请人在不同情况下应当提交的材料。对于采矿权申请人而言,其应当提交的申请材料包括:申请登记书和矿区范围图;采矿权申请人资质条件的证明;矿产资源开发利用方案;依法设立矿山企业的批准文件;开采矿产资源的环境影响评价报告;国务院地质矿产主管部门规定提交的其他资料。

申请开采国家规划矿区或者对国民经济具有重要价值的矿区内的矿产资源和国家实行保护性开采的特定矿种的,还应当提交国务院有关主管部门的批准文件。如果是申请开采石油、天然气的,还应当提交国务院批准设立石油公司或者同意进行石油、天然气开采的批准文件以及采矿企业法人资格证明。

申请材料对于申请人而言可谓非常重要,材料齐全是影响审批机关是否接收申请以最终作出何种审批决定的重要因素,申请人需要十分明确探矿权和采矿权在不同情况下对于申请材料的不同要求,以做好充分的准备。

(二)矿业权行政审批的受理与决定

矿业权行政审批的受理与决定是行政机关在收到申请人的申请之后依法应当作出的相关行政行为,受理与决定影响着申请人最终是否能得到探矿或者采矿的许可,与申请人的利益有着十分密切的关系;而许可的最终取得以及延期等问题又直接关乎矿业权人权利的获得与灭失,与其自身权益有着非常密切的关联。与此同时,行政机关在受理以及决定的过程中的不合法或者不适当行为,也往往是相对人寻求救济的原因。

1. 矿业权行政审批申请的受理

根据《行政许可法》的规定,探矿权和采矿权审批机关在收到申请人的申请材料后,申请事项属于本行政机关职权范围,申请材料齐全、符合法定形式,或者申请人按照本行政机关的要求提交全部补正申请材料的,应当受理行政许可申请;申请材料存在可以当场更正的错误的,应当允许申请人当场更正;申请材料不齐全或者不符合法定形式的,应当场或者在5日内一次告知申请人需要补正的全部内容,逾期不告知的,自收到申请材料之日起即受理。

2. 审批决定

探矿权申请审批机关应当自收到申请之日起40日内,按照申请在先的原则作出准予登记或者不予登记的决定,并通知探矿权申请人。对申请勘查石油、天然气的,登记管理机关还应当在收到申请后及时予以公告或者提供查询。

采矿权申请审批机关也应当自收到申请之日起40日内,作出准予登记或者不予登记的决定,并通知采矿权申请人。

(三)矿业权许可的最终取得、期限与延续

1. 矿业权的最终取得

根据《矿产资源勘查区块登记管理办法》和《矿产资源开采登记管理办法》的规定,批准探矿权申请的,探矿权申请人应当自收到通知之日起30日内,缴纳探矿权使用费以及国家出资勘查形成的探矿权价款,办理登记手续,领取勘查许可证,成为探矿权人;批准采矿权申请的,采矿权申请人应当自收到通知之日起30日内,缴纳采矿权使用费以及国家出资勘查形成的采矿权价款,办理登记手续,领取采矿许可证,成为采矿权人。

2. 矿业权许可的期限及延续

勘查许可证有效期最长为3年;但是,石油、天然气勘查许可证有效期最长为7年。需要延长勘查工作时间的,探矿权人应当在勘查许可证有效期届满的30日前,到登记管理机关办理延续登记手续,每次延续时间不得超过2年。石油、天然气滚动勘探开发的采矿许可证有效期最长为15年;但是,探明储量的区块,应当申请办理采矿许可证。探矿权人逾期不办理延续登记手续的,勘查许可证自行废止。采矿许可证有效期,按照矿山建设规模确定:大型以上的,采矿许可证有效期最长为30年;中型的,采矿许可证有效期最长为20年;小型的,采矿许可证有效期最长为10年。采矿许可证有效期满,需要继续采矿的,采矿权人应当在采矿许可证有效期届满的30日前,到登记管理机关办理延续登记手续。采矿权人逾期不办理延续登记手续的,采矿许可证自行废止。

(四)矿业权许可费用的计算与缴纳

探矿权和采矿权都是有偿获得的,申请人在获得相应的矿业权的同时,需要缴纳相关费用,而现实中,这笔费用往往不菲,对于矿业权人来说,相关费用的数额确定以及减免,与自身的权益息息相关,行政机关在收缴费用过程中的行为是否合法,往往也是很多争议的源头,需要相关权利人明确其中的风险。

1. 探矿权费用的计算

探矿权使用费以勘查年度计算,逐年缴纳。探矿权使用费标准:第一个勘查年度至第三个勘查年度,每平方公里每年缴纳100元;从第四个勘查年度起,每平方公里每年增加100元,但是最高不得超过每平方公里每年500元。申请国

家出资勘查并已经探明矿产地区块的探矿权的，探矿权申请人除缴纳探矿权使用费外，还应当缴纳经评估确认的国家出资勘查形成的探矿权价款，国家出资勘查形成的探矿权价款，由国务院地质矿产主管部门会同国务院国有资产管理部门认定的评估机构进行评估；评估结果由国务院地质矿产主管部门确认。采矿权使用费，按照矿区范围的面积逐年缴纳，标准为每平方公里每年 1000 元。申请国家出资勘查并已经探明矿产地的采矿权的，采矿权申请人除缴纳采矿权使用费外，还应当缴纳国家出资勘查形成的采矿权价款，国家出资勘查形成的采矿权价款，由具有矿业权评估资质的评估机构进行评估。

2. 费用的缴纳

探矿权价款按照国家有关规定，可以一次缴纳，也可以分期缴纳；采矿权价款按照国家有关规定，可以一次缴纳，也可以分期缴纳。

3. 费用的减免

有下列情形之一的，由探矿权人提出申请，经登记管理机关按照国务院地质矿产主管部门会同国务院财政部门制定的探矿权使用费和探矿权价款的减免办法审查批准，可以减缴、免缴探矿权使用费和探矿权价款：国家鼓励勘查的矿种；国家鼓励勘查的区域；国务院地质矿产主管部门会同国务院财政部门规定的其他情形。有下列情形之一的，由采矿权人提出申请，经省级以上人民政府登记管理机关按照国务院地质矿产主管部门会同国务院财政部门制定的采矿权使用费和采矿权价款的减免办法审查批准，可以减缴、免缴采矿权使用费和采矿权价款：开采边远贫困地区的矿产资源的；开采国家紧缺的矿种的；因自然灾害等不可抗力的原因，造成矿山企业严重亏损或者停产的；国务院地质矿产主管部门和国务院财政部门规定的其他情形。

行政机关是否依法计算和评估矿业权人应缴纳的费用、是否允许分期缴纳费用以及在符合条件的情况下是否依法给予减免费用等，都是矿业权人比较容易与相关政府部门出现争议的问题。

4. 国家对矿业权相关费用缴纳方式的改革

2017 年 4 月，为落实党中央、国务院决策部署，更好地发挥矿产资源税费制度对维护国家权益、调节资源收益、筹集财政收入的重要作用，推进生态文明领域国家治理体系和治理能力现代化，国务院发布《关于印发矿产资源权益金制度改革方案的通知》（国发〔2017〕29 号），就矿产资源权益金制度改革制定出台了以下新政策。该文件中的主要规定是：矿业权出让收益在出让时一次性确定，以货币资金方式支付，可以分期缴纳。

（五）权利救济

在矿业权行政审批行为之中，有关行政审批不予受理、行政审批不予批准、许可的延期、费用的计算、缴纳以及减免等，都可能引发争议，相对人因上述行为产生的争议，可以通过行政复议和行政诉讼的途径解决；而在准予许可环节，利害关系人亦可对相关行政许可的结果申请行政复议或者提起行政诉讼。

二、矿业权登记中的行政法律问题

根据《矿产资源法》第 3 条第 3 款的规定，勘查、开采矿产资源，必须依法分别申请、经批准设定探矿权、采矿权，并办理登记。这里面的“登记”是一个行政法律行为，是行政机关经过审核认定相关申请人符合法定条件，准予其登记探矿权、采矿权的行为。在现实中，行政机关往往因为某些原因，或者客观或者主观，而使相关的矿业权登记行为存在瑕疵，最常见的有：申请人采取欺诈手段，擅自篡改资料，骗取应登记在他人名下的矿业权为己有；自然资源主管部门未对申请人认真审核，因工作失误导致矿产资源勘查许可证或采矿许可证登记错误；自然资源主管部门违法作出行政许可，授权给申请人并进行了登记。在上述情况下，权利人或者利害关系人有哪些救济途径呢？

首先，可以通过登记机关内部纠错程序和机制进行救济。权利人可以向登记机关提交相关材料，请求登记机关变更登记。依据是《行政许可法》第 69 条，该条规定有下列情形之一的，作出行政许可决定的行政机关或者其上级行政机关，根据利害关系人的请求或者依据职权，可以撤销行政许可：（1）行政机关工作人员滥用职权、玩忽职守作出准予行政许可决定的；（2）超越法定职权作出准予行政许可决定的；（3）违反法定程序作出准予行政许可决定的；（4）对不具备申请资格或者不符合法定条件的申请人准予行政许可的；（5）依法可以撤销行政许可的其他情形。被许可人以欺骗、贿赂等不正当手段取得行政许可的，应当予以撤销。

其次，权利人可以提起行政复议，申请复议机关撤销错误的登记。依据是

《行政复议法》第2条规定的“公民、法人或者其他组织认为具体行政行为侵犯其合法权益,向行政机关提出行政复议申请,行政机关受理行政复议申请、作出行政复议决定,适用本法”以及《行政复议法》第6条第3项、第4项、第8项的规定,即“对行政机关作出的有关许可证、执照、资质证、资格证等证书变更、中止、撤销的决定不服的”“对行政机关作出的关于确认土地、矿藏、水流、森林、山岭、草原、荒地、滩涂、海域等自然资源的所有权或者使用权的决定不服的”和“认为符合法定条件,申请行政机关颁发许可证、执照、资质证、资格证等证书,或者申请行政机关审批、登记有关事项,行政机关没有依法办理的”,可以申请行政复议。

最后,可以提起行政诉讼。行政登记作为一个行政行为,当事人对该行政行为不服的,可以依法提起行政诉讼。

第二节 矿业权相关行政处罚

一、越界开采的行政处罚

采矿权作为矿业权的重要组成部分,是权利人依据采矿权许可及登记上所载明的范围,依据相关法律规范的要求,对特定区域内的矿产资源进行采掘的权利。任何采矿权都有其法定的行使范围,采矿权人必须严格遵守采矿权许可、登记中所载明的范围,在许可的范围内进行开采活动。否则将面临相关的行政处罚:

(1)《矿产资源法》第40条规定:超越批准的矿区范围采矿的,责令退回本矿区范围内开采、赔偿损失,没收越界开采的矿产品和违法所得,可以并处罚款;拒不退回本矿区范围内开采,造成矿产资源破坏的,吊销采矿许可证,依照《刑法》第156条的规定对直接责任人员追究刑事责任。

(2)《矿产资源法实施细则》第42条第2项规定:超越批准的矿区范围采矿的,处以违法所得30%以下的罚款。

二、违法转让探矿权、采矿权的行政处罚

采矿权属于用益物权的一种，权利人享有占有、使用、收益的权利，同时，《矿产资源法》亦规定了探矿权、采矿权可以依法转让，但是基于矿产资源的特殊性，法律亦对探矿权和采矿权的转让进行了一定程度的限制，对于其交易的规则，同样进行了专门的规范，对于违法转让的情形和相关的行政处罚的罚则，同样进行了明确规定：

(1)《矿产资源法》第6条规定了探矿权和采矿权可以转让的情形，即“探矿权人有权在划定的勘查作业区内进行规定的勘查作业，有权优先取得勘查作业区内矿产资源的采矿权。探矿权人在完成规定的最低勘查投入后，经依法批准，可以将探矿权转让他人”以及“已取得采矿权的矿山企业，因企业合并、分立，与他人合资、合作经营，或者因企业资产出售以及有其他变更企业资产产权的情形而需要变更采矿权主体的，经依法批准可以将采矿权转让他人采矿”。

(2)《矿产资源法》第42条第2款规定：违反本法第6条的规定将探矿权、采矿权倒卖牟利的，吊销勘查许可证、采矿许可证，没收违法所得，处以罚款。

(3)《矿产资源法实施细则》第42条第3项规定：买卖、出租或者以其他形式转让矿产资源的，买卖、出租采矿权的，对卖方、出租方、出让方处以违法所得1倍以下的罚款。

(4)《探矿权采矿权转让管理办法》对于违法进行矿业权转让的罚则进行了更加细致的规定，其中的法律风险包括：未经审批管理机关批准，擅自转让探矿权、采矿权的，由登记管理机关责令改正，没收违法所得，处10万元以下的罚款；情节严重的，由原发证机关吊销勘查许可证、采矿许可证。

三、违法承包、出租等行政处罚

对于违法承包、出租采矿权的行政处罚，主要依据是《探矿权采矿权转让管理办法》第15条的规定，即“以承包等方式擅自将采矿权转给他人进行采矿的，由县级以上人民政府负责地质矿产管理工作的部门按照国务院地质矿产主管部门规定的权限，责令改正，没收违法所得，处10万元以下的罚款；情节严重的，由

原发证机关吊销采矿许可证”。

四、生态环境保护行政处罚

除了对于越界开采、转让、承包、出租等的处罚，矿业权权利主体在进行勘探、开采过程中还需面对有关生态环境保护方面的处罚风险。

《矿产资源法》第 44 条规定，采取破坏性的开采方法开采矿产资源的，处以罚款，可以吊销采矿许可证；造成矿产资源严重破坏的，依照《刑法》第 156 条的规定对直接责任人员追究刑事责任。而在《环境保护法》中，有对于不同破坏生态环境的行为更为细致的处罚规定，其中与矿业权有关的，主要包括以下内容：

（1）建设单位未依法提交建设项目环境影响评价文件或者环境影响评价文件未经批准，擅自开工建设的，由负有环境保护监督管理职责的部门责令停止建设，处以罚款，并可以责令恢复原状。

（2）重点排污单位不公开或者不如实公开环境信息的，由县级以上地方人民政府环境保护主管部门责令公开，处以罚款，并予以公告。

（3）企业事业单位和其他生产经营者有下列行为之一，尚不构成犯罪的，除依照有关法律法规规定予以处罚外，由县级以上人民政府环境保护主管部门或者其他有关部门将案件移送公安机关，对其直接负责的主管人员和其他直接责任人员，处 10 日以上 15 日以下拘留；情节较轻的，处 5 日以上 10 日以下拘留：建设项目未依法进行环境影响评价，被责令停止建设，拒不执行的；违反法律规定，未取得排污许可证排放污染物，被责令停止排污，拒不执行的；通过暗管、渗井、渗坑、灌注或者篡改、伪造监测数据，或者不正常运行防治污染设施等逃避监管的方式违法排放污染物的；生产、使用国家明令禁止生产、使用的农药，被责令改正，拒不改正的。

五、安全生产行政处罚

矿山企业一直是安全生产监督的重点对象，对于矿业权权利人来说，安全生产中的行政处罚同样值得高度重视。

与矿山安全生产有关的主要法律规范包括《矿山安全法》和《矿山安全法实

施条例》等。

(一)《矿山安全法》中的规定

《矿山安全法》作为矿山领域安全生产监督管理的基本法律，其对矿山安全生产的处罚规定，主要有以下内容：

(1)违反本法规定，有下列行为之一的，由劳动行政主管部门责令改正，可以并处罚款；情节严重的，提请县级以上人民政府决定责令停产整顿：未对职工进行安全教育、培训，分配职工上岗作业的；使用不符合国家安全标准或者行业安全标准的设备、器材、防护用品、安全检测仪器的；未按照规定提取或者使用安全技术措施装箱费用的；拒绝矿山安全监督人员现场检查或者在被检查时隐瞒事故隐患、不如实反映情况的；未按照规定及时、如实报告矿山事故的。

(2)矿长不具备安全专业知识的，安全生产的特种作业人员未取得操作资格证书上岗作业的，由劳动行政主管部门责令限期改正，提请县级以上人民政府决定责令停产，调整配备合格人员后，方可恢复生产。

(3)矿山建设工程安全设施的设计未经批准擅自施工的，由管理矿山企业的主管部门责令停止施工；拒不执行的，由管理矿山企业的主管部门提请县级以上人民政府决定由有关主管部门吊销其采矿许可证和营业执照。

(4)矿山建设工程的安全设施未经验收或者验收不合格擅自投入生产的，由劳动行政主管部门会同管理矿山企业的主管部门责令停止生产，并由劳动行政主管部门处以罚款；拒不停止生产的，由劳动行政主管部门提请县级以上人民政府决定由有关主管部门吊销其采矿许可证和营业执照。

(5)已经投入生产的矿山企业，不具备安全生产条件而强行开采的，由劳动行政主管部门会同管理矿山企业的主管部门责令限期改进，逾期仍不具备安全生产条件的，由劳动行政主管部门提请县级以上人民政府决定责令停产整顿或者由有关主管部门吊销其采矿许可证或者营业执照。

(二)《矿山安全法实施条例》中的规定

作为与《矿山安全法》相呼应的一部行政法规，《矿山安全法实施条例》中对于相关矿山安全生产中的行政处罚，作了相对细致的规定，主要内容如下：

(1)依照《矿山安全法》第 40 条规定处以罚款的，分别按照下列规定执行：

未对职工进行安全教育、培训,分配职工上岗作业的,处4万元以下的罚款;使用不符合国家安全标准或者行业安全标准的设备、器材、防护用品和安全检测仪器的,处5万元以下的罚款;未按照规定提取或者使用安全技术措施专项费用的,处5万元以下的罚款;拒绝矿山安全监督人员现场检查或者在被检查时隐瞒事故隐患,不如实反映情况的,处2万元以下的罚款;未按照规定及时、如实报告矿山事故的,处3万元以下的罚款。

(2)依照《矿山安全法》第43条①规定处以罚款的,罚款幅度为5万元以上10万元以下。

(3)违反本条例第15条、第16条、第17条、第18条、第19条、第20条、第21条、第22条、第23条、第25条规定的,②由劳动行政主管部门责令改正,可以

① 《矿山安全法》第43条规定:矿山建设工程的安全设施未经验收或者验收不合格擅自投入生产的,由劳动行政主管部门会同管理矿山企业的主管部门责令停止生产,并由劳动行政主管部门处以罚款;拒不停止生产的,由劳动行政主管部门提请县级以上人民政府决定由有关主管部门吊销其采矿许可证和营业执照。

② 指的是《矿山安全法实施条例》第15~23条以及第25条。第15条规定:矿山企业应当对机电设备及其防护装置、安全检测仪器定期检查、维修,并建立技术档案,保证使用安全。非负责设备运行的人员,不得操作设备。非值班电气人员,不得进行电气作业。操作电气设备的人员,应当有可靠的绝缘保护。检修电气设备时,不得带电作业。第16条规定:矿山作业场所空气中的有毒有害物质的浓度,不得超过国家标准或者行业标准;矿山企业应当按照国家规定的方法,按照下列要求定期检测:(1)粉尘作业点,每月至少检测2次;(2)三硝基甲苯作业点,每月至少检测1次;(3)放射性物质作业点,每月至少检测3次;(4)其他有毒有害物质作业点,井下每月至少检测1次,地面每季度至少检测1次;(5)采用个体采样方法检测呼吸性粉尘的,每季度至少检测1次。第17条规定:井下采掘作业,必须按照作业规程的规定管理顶帮。采掘作业通过地质破碎带或者其他顶帮破碎地点时,应当加强支护。露天采剥作业,应当按照设计规定,控制采剥工作面的阶段高度、宽度、边坡角和最终边坡角。采剥作业和排土作业,不得对深部或者邻近井巷造成危害。第18条规定:煤矿和其他有瓦斯爆炸可能性的矿井,应当严格执行瓦斯检查制度,任何人不得携带烟草和点火用具下井。第19条规定:在下列条件下从事矿山开采,应当编制专门设计文件,并报管理矿山企业的主管部门批准:(1)有瓦斯突出的;(2)有冲击地压的;(3)在需要保护的建筑物、构筑物和铁路下面开采的;(4)在水体下面开采的;(5)在地温异常或者有热水涌出的地区开采的。第20条规定:有自然发火可能性的矿井,应当采取下列措施:(1)及时清出采场浮矿和其他可燃物质,回采结束后及时封闭采空区;(2)采取防火灌浆或者其他有效的预防自然发火的措施;(3)定期检查井巷和采区封闭情况,测定可能自然发火地点的温度和风量;定期检测火区内的温度、气压和空气成分。第21条规定:井下采掘作业遇下列情形之一时,应当探水前进:(1)接近承压含水层或者含水的断层、流砂层、砾石层、溶洞、陷落柱时;(2)接近与地表水体相通的地质破碎带或者接近连通承压层的未封钻孔时;(3)接近积水的老窑、旧巷或者灌过泥浆的采空区时;(4)发现有出水征兆时;(5)掘开隔离矿柱或者岩柱放水时。第22条规定:井下风量、风质、风速和作业环境的气候,必须符合矿山安全规程的规定。采掘工作面进风风流中,按照体积计算,氧气不得低于20%,二氧化碳不得超过0.5%。井下作业地点的空气温度不得超过28℃;超过时,应当采取降温或者其他防护措施。第23条规定:开采放射性矿物的矿井,必须采取下列措施,减少氡气析出量:(1)及时封闭采空区和已经报废或者暂时不用的井巷;(2)用留矿法作业的采场采用下行通风;(3)严格管理井下污水。第25条规定:矿山企业对地面、井下产生粉尘的作业,应当采取综合防尘措施,控制粉尘危害。井下风动凿岩,禁止干打眼。

处 2 万元以下的罚款。

(4)矿山企业主管人员有下列行为之一,造成矿山事故的,按照规定给予纪律处分;构成犯罪的,由司法机关依法追究刑事责任:违章指挥、强令工人违章、冒险作业的;对工人屡次违章作业熟视无睹,不加制止的;对重大事故预兆或者已发现的隐患不及时采取措施的;不执行劳动行政主管部门的监督指令或者不采纳有关部门提出的整顿意见,造成严重后果的。

第三节　矿业权行政救济

在矿业权的行政救济方面,作为行政相对人的矿业权人或者利害关系人,主要可以选取的救济途径是行政复议和行政诉讼。与此同时,无论是行政复议还是行政诉讼,诉讼标的都是行政行为,因此,只有行政主体的行政行为侵犯了矿业权人或者利害关系人的矿业权,矿业权人或者利害关系人才可以通过行政复议和行政诉讼的途径予以救济。在有关矿业权的法律行为之中,常见的行政行为是矿业权审批和矿业权属证明的变更登记,而因这两种行政行为引发的争议,矿业权人或者利害关系人可以通过行政复议和行政诉讼的途径加以解决。

一、针对矿业权审批结果提起的行政救济

(一)针对矿业权审批结果申请的行政复议

行政复议是公民、法人或者其他组织,认为行政主体的行政行为侵犯其合法权益,向作出该行政行为的主体的上级机关或者该行政主体本身申请重新审查该行政行为并作出审查决定的行政行为。矿业权审批主要包括探矿权审批许可和采矿权审批许可,审批的结果主要是准予或者不准予探矿权或采矿权的许可,无论是准予许可还是不准予许可都是行政行为,根据《行政复议法》第 6 条第 8

项的规定，[①]行政相对人或者利害关系人一旦认为审批结果侵犯其合法权益的，可以通过行政复议的途径寻求救济，具体的规则如下。

1. **向谁申请**

“向谁申请”涉及的是矿业权人或者利害关系人向哪个机关申请行政复议。根据《行政复议法》第12条第1款的规定，对县级以上地方各级人民政府工作部门的具体行政行为不服的，由申请人选择，可以向该部门的本级人民政府申请行政复议，也可以向上一级主管部门申请行政复议。同时，《行政复议法》第14条还规定，对国务院部门或者省、自治区、直辖市人民政府的具体行政行为不服的，向作出该具体行政行为的国务院部门或者省、自治区、直辖市人民政府申请行政复议。对行政复议决定不服的，可以向人民法院提起行政诉讼；也可以向国务院申请裁决，国务院依照本法的规定作出最终裁决。[②]

在确定了如何“向谁申请行政复议”的规则之后，我们需要进一步明确矿业权的审批是由哪些行政主体作出的，才能准确适用规则。矿业权行政审批主要包括探矿权的行政审批和采矿权的行政审批。

(1)根据《矿产资源勘查区块登记管理办法》第4条的规定，探矿权的审批部门是国务院地质矿产主管部门和省、自治区、直辖市人民政府地质矿产主管部门。如果是对国务院地质矿产主管部门作出的审批决定不服的，应当向该部门申请行政复议；如果是对省、自治区、直辖市人民政府地质矿产主管部门作出的审批决定不服的，可以向该主管部门所在的省级人民政府或者国务院地质矿产主管部门申请行政复议。

(2)根据《矿产资源开采登记管理办法》第3条的规定，国务院地质矿产主管部门以及县级以上地方人民政府负责地质矿产管理工作的部门都有权力进行相关条件下的采矿权的审批。如果是对国务院地质矿产主管部门作出的审批决定不服的，应当向该部门申请行政复议；如果是对省、自治区、直辖市人民政府地

---

① 《行政复议法》第6条第8项规定，认为符合法定条件，申请行政机关颁发许可证、执照、资质证、资格证等证书，或者申请行政机关审批、登记有关事项，行政机关没有依法办理的，公民、法人或者其他组织可以依照本法申请行政复议。

② 《行政复议法》第14条规定，对国务院部门或者省、自治区、直辖市人民政府的具体行政行为不服的，向作出该具体行政行为的国务院部门或者省、自治区、直辖市人民政府申请行政复议。对行政复议决定不服的，可以向人民法院提起行政诉讼；也可以向国务院申请裁决，国务院依照本法的规定作出最终裁决。

质矿产主管部门作出的审批决定不服的，可以向该主管部门所在的省级人民政府或者国务院地质矿产主管部门申请行政复议；如果是对设区的市一级的人民政府的地质矿产主管部门作出的审批决定不服的，可以向该主管部门所在的设区的市一级人民政府或者对应的省级地质矿产主管部门申请行政复议；如果是对县级人民政府的地质矿产主管部门作出的审批决定不服的，可以向该主管部门所在的县级人民政府或者对应设区的市一级政府的地质矿产主管部门申请行政复议。

2. 如何申请

(1)申请期限。根据《行政复议法》第 9 条的规定，矿业权人或者利害关系人认为具体行政行为侵犯其合法权益的，可以自知道该具体行政行为之日起 60 日内提出行政复议申请；但是法律规定的申请期限超过 60 日的除外。

(2)申请方式。根据《行政复议法实施条例》第 18 条的规定，申请人书面申请行政复议的，可以采取当面递交、邮寄或者传真等方式提出行政复议申请。有条件的行政复议机构可以接受以电子邮件形式提出的行政复议申请。

(3)申请材料。申请人书面申请行政复议的，应当在行政复议申请书中载明下列事项：①申请人的基本情况，包括：公民的姓名、性别、年龄、身份证号码、工作单位、住所、邮政编码；法人或者其他组织的名称、住所、邮政编码和法定代表人或者主要负责人的姓名、职务；②被申请人的名称；③行政复议请求、申请行政复议的主要事实和理由；④申请人的签名或者盖章；⑤申请行政复议的日期。如果是通过电子邮件形式申请行政复议的，各个复议机关一般都会有相关的表格和要求，矿业权人或者利害关系人需要在对应的部门的网站填写并上传相关材料。

3. 对行政复议决定不服的救济

行政复议本身也是一个行政行为，对行政复议决定不服的，矿业权人或者利害关系人可以该行政复议决定为诉讼标的，提起行政诉讼，但是要在收到行政复议决定之日起 15 日内提起行政诉讼。

(二)针对矿业权审批结果提起的行政诉讼

行政诉讼是司法权对行政权进行监督、对公民、法人或者其他组织权利进行救济的制度，是公民、法人或者其他组织认为行政主体的行政行为侵犯其合法权益,向有管辖权的人民法院提起行政诉讼,请求人民法院审查该行政行为合法性并作出裁判的活动。根据《行政诉讼法》第12条第1款第3项的规定,申请行政许可,行政机关拒绝或者在法定期限内不予答复,或者对行政机关作出的有关行政许可的其他决定不服的,属于人民法院行政诉讼的受案范围。因此,对矿业权审批结果不服的,矿业权人或者利害关系人可以依法提起行政诉讼,具体的规则如下。

1. **向谁提起**

"向谁提起"指的是向哪一个人民法院提起行政诉讼,即哪一个人民法院对因矿业权人或者利害关系人提起的针对矿业权审批结果的行政诉讼具有管辖权,而行政诉讼管辖权的确定,要以该行政诉讼的被告为标准,严格依据《行政诉讼法》确立的规则来进行。

(1)根据《矿产资源勘查区块登记管理办法》第4条的规定,探矿权的审批部门是国务院地质矿产主管部门和省、自治区、直辖市人民政府地质矿产主管部门。如果是对国务院地质矿产主管部门作出的审批决定不服的,根据《行政诉讼法》第15条的规定,应当向中级人民法院提起行政诉讼,而在实际情况中,如果在北京市提起诉讼,则是向北京市的某个中级人民法院提起诉讼;如果是对省、自治区、直辖市人民政府地质矿产主管部门的审批决定不服的,根据《行政诉讼法》第14条的规定,向该地质矿产主管部门所在地的基层人民法院提起行政诉讼。

(2)与对探矿权的规定相似,根据《矿产资源开采登记管理办法》第3条的规定,国务院地质矿产主管部门以及县级以上地方人民政府负责地质矿产管理工作的部门都有权力进行相关条件下的采矿权的审批。如果是对国务院地质矿产主管部门作出的审批决定不服的,根据《行政诉讼法》第15条的规定,应当向中级人民法院提起行政诉讼;如果是对省、自治区、直辖市人民政府地质矿产主管部门的审批决定不服的,根据《行政诉讼法》第14条的规定,向该地质矿产主管部门所在地的基层人民法院提起行政诉讼;如果是对县级以上地方人民政府负责地质矿产管理工作的部门的审批决定不服的,根据《行政诉讼法》第14条的规定,同样是向该地质矿产主管部门所在地的基层人民法院提起行政诉讼。

2. **如何提起**

(1)诉讼时效。根据《行政诉讼法》第46条的规定,公民、法人或者其他组织直接向人民法院提起诉讼的，应当自知道或者应当知道作出行政行为之日起6个月内提出，法律另有规定的除外。因不动产提起诉讼的案件自行政行为作出之日起超过20年，其他案件自行政行为作出之日起超过5年提起诉讼的，人民法院不予受理。据此，矿业权人或者利害关系人，如果对地质矿产主管部门对探矿权或者采矿权所作的审批决定不服的，应当自知道或者应当知道该审批决定之日起6个月内提出，一般情况下都是从收到审批决定之日起进行计算。

(2)起诉条件。根据《行政诉讼法》第49条的规定，提起诉讼应当符合下列条件：原告是符合本法第25条规定的公民、法人或者其他组织；有明确的被告；有具体的诉讼请求和事实根据；属于人民法院受案范围和受诉人民法院管辖。

(3)起诉材料。根据《行政诉讼法》第50条的规定，起诉应当向人民法院递交起诉状，并按照被告人数提出副本。书写起诉状确有困难的，可以口头起诉，由人民法院记入笔录，出具注明日期的书面凭证，并告知对方当事人。

(4)关于起诉阶段的法律救济。根据《行政诉讼法》第51条第4款的规定，对于不接收起诉状、接收起诉状后不出具书面凭证，以及不一次性告知当事人需要补正的起诉状内容的，当事人可以向上级人民法院投诉，上级人民法院应当责令改正，并对直接负责的主管人员和其他直接责任人员依法给予处分。而对于人民法院既不立案，又不作出不予立案裁定的，根据《行政诉讼法》第52条的规定，当事人可以向上一级人民法院起诉。

二、针对矿业权证变更提起的行政救济

(一)针对矿业权证变更申请的行政复议

矿业权证变更主要包括探矿权证变更和采矿权证的变更，根据《行政复议法》第6条第3项的规定，[①]行政相对人或者利害关系人一旦认为变更结果侵犯其合法权益的，可以通过行政复议的途径寻求救济，具体的规则如下。

1. 向谁申请

“向谁申请”涉及的是矿业权人或者利害关系人向哪个机关申请行政复议。

---

① 《行政复议法》第6条第3项规定，对行政机关作出的有关许可证、执照、资质证、资格证等证书变更、中止、撤销的决定不服的，公民、法人或者其他组织可以依照本法申请行政复议。

根据《行政复议法》第 12 条的规定,对县级以上地方各级人民政府工作部门的具体行政行为不服的,由申请人选择,可以向该部门的本级人民政府申请行政复议,也可以向上一级主管部门申请行政复议。同时,《行政复议法》还规定,对国务院部门或者省、自治区、直辖市人民政府的具体行政行为不服的,向作出该具体行政行为的国务院部门或者省、自治区、直辖市人民政府申请行政复议。对行政复议决定不服的,可以向人民法院提起行政诉讼;也可以向国务院申请裁决,国务院依照本法的规定作出最终裁决。①

在确定了如何"向谁申请行政复议"的规则之后,我们需要进一步明确矿业权的审批是由哪些行政主体作出的,才能准确适用规则。矿业权行政审批主要包括探矿权的变更和采矿权的变更。

(1)根据《矿产资源勘查区块登记管理办法》第 4 条的规定,探矿权的审批部门是国务院地质矿产主管部门和省、自治区、直辖市人民政府地质矿产主管部门。而探矿权的变更,需要向作出审批并进行登记和颁发许可的部门提出,并由其进行决定。据此,如果是对国务院地质矿产主管部门作出的变更登记不服的,应当向该部门申请行政复议;如果是对省、自治区、直辖市人民政府地质矿产主管部门作出的变更登记不服的,可以向该主管部门所在的省级人民政府或者国务院地质矿产主管部门申请行政复议。

(2)根据《矿产资源开采登记管理办法》第 3 条的规定,国务院地质矿产主管部门以及县级以上地方人民政府负责地质矿产管理工作的部门都有权力进行相关条件下的采矿权的审批。而采矿权的变更,需要向作出审批并进行登记和颁发许可的部门提出,并由其进行决定。据此,如果是对国务院地质矿产主管部门作出的变更决定不服的,应当向该部门申请行政复议;如果是对省、自治区、直辖市人民政府地质矿产主管部门作出的变更决定不服的,可以向该主管部门所在的省级人民政府或者国务院地质矿产主管部门申请行政复议;如果是对设区的市级人民政府的地质矿产主管部门作出的变更决定不服的,可以向该主管部门所在的设区的市级人民政府或者对应的省级地质矿产主管部门申请行政复

① 《行政复议法》第 14 条规定,对国务院部门或者省、自治区、直辖市人民政府的具体行政行为不服的,向作出该具体行政行为的国务院部门或者省、自治区、直辖市人民政府申请行政复议。对行政复议决定不服的,可以向人民法院提起行政诉讼;也可以向国务院申请裁决,国务院依照本法的规定作出最终裁决。

议;如果是对县级人民政府的地质矿产主管部门作出的变更决定不服的,可以向该主管部门所在的县级人民政府或者对应设区的市级人民政府的地质矿产主管部门申请行政复议。

2. 如何申请

(1)申请期限。根据《行政复议法》第 9 条的规定,矿业权人或者利害关系人认为具体行政行为侵犯其合法权益的,可以自知道该具体行政行为之日起 60 日内提出行政复议申请;但是法律规定的申请期限超过 60 日的除外。

(2)申请方式。根据《行政复议法实施条例》第 18 条的规定,申请人书面申请行政复议的,可以采取当面递交、邮寄或者传真等方式提出行政复议申请。有条件的行政复议机构可以接受以电子邮件形式提出的行政复议申请。

(3)申请材料。申请人书面申请行政复议的,应当在行政复议申请书中载明下列事项:①申请人的基本情况,包括:公民的姓名、性别、年龄、身份证号码、工作单位、住所、邮政编码;法人或者其他组织的名称、住所、邮政编码和法定代表人或者主要负责人的姓名、职务。②被申请人的名称。③行政复议请求、申请行政复议的主要事实和理由。④申请人的签名或者盖章。⑤申请行政复议的日期。如果是通过电子邮件形式申请行政复议的,各个复议机关一般都会有相关的表格和要求,矿业权人或者利害关系人需要在对应的部门的网站填写并上传相关材料。

3. 对有关变更许可的行政复议决定不服的救济

对有关变更许可的行政复议决定不服的,矿业权人或者利害关系人亦可以以该行政复议决定为诉讼标的,提起行政诉讼,但是要在收到行政复议决定之日起 15 日内提起行政诉讼。

(二)针对矿业权证变更提起的行政诉讼

对矿业权变更结果不服的,矿业权人或者利害关系人可以依法提起行政诉讼,具体的规则如下。

1. 向谁提起

(1)根据《矿产资源勘查区块登记管理办法》第 4 条的规定,探矿权的审批部门是国务院地质矿产主管部门和省、自治区、直辖市人民政府地质矿产主管部门。而探矿权的变更,需要向作出审批并进行登记和颁发许可的部门提出,并由其进行决定。据此,如果是对国务院地质矿产主管部门作出的变更决定不服的,根据《行政诉讼法》第 15 条的规定,应当向中级人民法院提起行政诉讼;如果是对省、自治区、直辖市人民政府地质矿产主管部门的变更决定不服的,根据《行政诉讼法》第 14 条的规定,向该地质矿产主管部门所在地的基层人民法院提起行政诉讼。

(2)根据《矿产资源开采登记管理办法》第 3 条的规定,国务院地质矿产主管部门以及县级以上地方人民政府负责地质矿产管理工作的部门都有权力进行相关条件下的采矿权的审批。而采矿权的变更,需要向作出审批并进行登记和颁发许可的部门提出,并由其进行决定。据此,如果是对国务院地质矿产主管部门作出的变更决定不服的,根据《行政诉讼法》第 15 条的规定,应当向中级人民法院提起行政诉讼;如果是对省、自治区、直辖市人民政府地质矿产主管部门的变更决定不服的,根据《行政诉讼法》第 14 条的规定,向该地质矿产主管部门所在地的基层人民法院提起行政诉讼;如果是对县级以上地方人民政府负责地质矿产管理工作的部门的变更决定不服的,根据《行政诉讼法》第 14 条的规定,同样是向该地质矿产主管部门所在地的基层人民法院提起行政诉讼。

2. 如何提起

(1)诉讼时效。根据《行政诉讼法》第 46 条的规定,矿业权人或者利害关系人如果对地质矿产主管部门对探矿权或者采矿权所作的变更决定不服的,应当自知道或者应当知道该变更决定之日起 6 个月内提出,一般情况下都是从收到变更或者不予变更决定之日起进行计算。

(2)起诉条件。根据《行政诉讼法》第 49 条的规定,提起诉讼应当符合下列条件:原告是符合本法第 25 条规定的公民、法人或者其他组织;故可以提起诉讼的应当是与变更登记有利害关系的当事人。

李　华

盈科律师事务所创始合伙人、盈科全国业务指导委员会主任。

李华律师作为盈科全国业务指导委员会主任，负责盈科体系内的专业化建设，带领盈科律师，构建出完整的专业化法律服务体系，包括研究院、专业委员会及综合性法律中心，推动盈科律师专业化的法律服务，以适应法律服务市场不断细分的需要。在此基础上，通过集成各专业委员会纵深化的法律服务能力为客户提供综合性的法律服务。

曾荣获全国律师行业优秀党员律师、北京市优秀律师、朝阳区优秀律师、朝阳区首届优秀女律师、朝阳区优秀党员的荣誉称号，钱伯斯《大中华区指南2023》TMT：数据保护&隐私领域上榜律师。

张仁藏

北京大学法学院法律硕士、北京大学光华管理学院EMBA、中国矿业大学（北京）文法学院法律硕士专业学位研究生校外导师、《法治日报》律师专家库专家。现为北京市盈科律师事务所高级合伙人律师，担任多地仲裁委员会仲裁员、哈尔滨仲裁委员会调解员，拥有上市公司独立董事资格。

张仁藏律师实务经验丰富，专注于矿产资源、能源、不动产建设工程领域的法律业务，服务过多家央企和上市公司，并在不动产矿业能源领域投资并购、争议解决等领域具有丰富的执业经验。张仁藏律师法学理论功底深厚，民商法基本功扎实，曾发表多篇实务文章，并出版了《二手房买卖法律实务操作指南》《新版建设项目工程总承包合同示范文本（试行）解读》等专业著作。